向计划要结果

年度经营计划的有效制订与高效落实

陈楠华 罗荣生 王怡文◎著

金城出版社
GOLD WALL PRESS

图书在版编目（CIP）数据

向计划要结果：年度经营计划的有效制订与高效落实 / 陈楠华，罗荣生，王怡文著. —北京：金城出版社，2017.10
ISBN 978-7-5155-1563-2

Ⅰ. ①向… Ⅱ. ①陈… ②罗… ③王… Ⅲ. ①企业管理－年度计划 Ⅳ. ①F272.15

中国版本图书馆 CIP 数据核字（2017）第 244905 号

向计划要结果：年度经营计划的有效制订与高效落实

作　　者 陈楠华　罗荣生　王怡文
责任编辑 李铁武
文字编辑 李明辉
开　　本 710 毫米 ×1000 毫米　1/16
印　　张 17
字　　数 200 千字
版　　次 2018 年 1 月第 1 版　2018 年 1 月第 1 次印刷
印　　刷 三河市百盛印装有限公司
书　　号 ISBN 978-7-5155-1563-2
定　　价 58.00 元

出版发行 **金城出版社** 北京市朝阳区利泽东二路 3 号　邮编：100102
发 行 部 (010)84254364
编 辑 部 (010)64391966
总 编 室 (010)64228516
网　　址 http：//www.jccb.com.cn
电子邮箱 jinchengchuban@163.com
法律顾问 陈鹰律师事务所　(010)64970501

前言

FOREWORD

德国著名的军事战略家克劳塞维茨曾说过："战争与商业竞争相同，也是人类利益的冲突之一。"如今，竞争已经成为市场的主旋律，可谓"得市场者得天下"。翻开任何一家成功企业的发展史，都是一部刀光剑影史。没有随随便便的成功，唯有斗智斗勇，丢掉幻想，一步步谋划，才能最终走到金字塔的顶端。

"用兵之道，以计为首"，战争如此，企业竞争亦是如此。所有的长寿企业，必定是具有长远谋略的企业，必定有自己的经营计划。所谓企业的经营计划，是指企业在一定时期内确定和组织全部生产经营活动的综合规划，根据市场需求、企业内外部环境和条件变化，并结合长远和当前的发展需要，合理地利用人力、物力和财力资源，组织筹谋企业全部经营活动，实现预期目标和提高经济效益的过程。

对于任何一家企业来说，经营计划都是其"长治久安"的重要保证。

正所谓“凡事预则立，不预则废”，只有制订合理的经营计划，企业的一切运营活动才有了目标和方向。当然，经营计划的制订并不是简单地进行指标的分解和分配，也不是凭经验、拍脑袋、靠感觉，更不是一种讨价还价的指标分配计划，而是一项科学系统的工作任务，需要管理者学会“运筹帷幄”，下功夫掌握。

企业都是以年度为经营单位的，因此本书以年度经营计划的有效制订与高效落实为出发点，分为上下两篇：上篇重点阐述了年度经营计划的目标使命、遵循原则、制订流程及检查评价体系等。下篇提供了企业各部门年度经营计划的主要制订内容。有理论指导，有技巧方法，有工具表格，简单易学，可拿来即用。

在这里我要提醒读者，制订企业年度经营计划时千万不要走入误区。一旦在观念上出现了偏差，即使你付出再多的努力，结果也会与心中所想背道而驰。按照我们的经验，管理层总会陷入下面的误区：

1. 我们公司特别小，用不着年度经营计划

有些人觉得，自己的公司刚刚创立，处于起步阶段，或规模较小，就认为用不着制订年度经营计划，觉得制订年度经营计划都是大企业应该做的事情。其实，就是因为公司发展规模小、资源特别有限，为了让资源的配置达到最好，才需要制订计划，以最少的本钱做最多的事情，获得最好的效果。

2. 计划赶不上变化，年度经营计划有何用

计划赶不上变化，的确如此！可事实是：如果市场是一成不变的，就不需要企业制订计划了，直接一条道走到黑就是了。正是因为市场瞬息万变，企业又是一个众多人的集合体，才需要经营计划去指导所有人的行动

方向，去应对复杂多变的市场环境。

3. 计划的制订不够科学

大多数企业将年度经营计划等同指标分解，比如公司销售额 10 个亿，那么华南 2 亿，其中广东 1 亿……如此分解，根本不考虑如何执行，结果管理层只能将所有的精力都放在指标的讨价还价上。其实，即使制订的经营计划很粗糙，也要比没有好。现在粗糙，不代表未来粗糙，只要不断地修正改进计划和执行层面就可以了。计划不够系统科学无妨，先要有，再求精。

4. 计划不是太过空泛，就是太过关注细节

这是企业制订年度经营计划很容易走的两个极端。太过空泛的年度计划，整个篇章都是指导理念，缺乏具体应对策略。可是，经营计划并不是战略规划，更不是企业的愿景使命，计划过于空泛，根本无法加以执行。过度关注细节的年度计划，通常有上百页，如果一定要按照计划去执行，一则会让企业各部门缺少自主性，二则管理层也没有办法监控细节。

5. 计划与执行脱节

年度经营计划做出来了，可是很多管理者却将其束之高阁，根本就不执行。究其原因，主要有二：一是计划本身无法执行，二是管理层执行力不足。不管什么原因，一法而破之：在制订年度经营计划时，一定要充分关注各方诉求，特别是中基层员工的诉求，充分考虑计划的可执行性；一经制订发布，马上与绩效挂钩，立刻执行！

6. 计划与资源不匹配

通常，企业只有在执行计划的过程中才能发现人、财、物等资源根本无法支撑计划的顺利实施。究其原因，在于制订经营计划时相应的保障措施没有跟上。比如：钱不够，年度财务预算做了没有？人不够，人力资源规划做了没有？产品跟不上潮流，市场调研做了没有？……如果将所有的运营因素都充分考虑了，计划实施才有了资源保障，不再是一纸空文。

企业的任何战略行为都是从计划开始的，若还停留在“拍脑袋计划，拍大腿后悔，拍屁股走人”的初级阶段，必须要将有效制订年度经营计划作为每一年的工作重点，逐步踏上由经验型管理向科学型管理转变的过程。可以说，一家企业制订计划的能力，代表了这家企业的整体竞争力，而一套行之有效的年度经营计划制订方案则是众多企业苦苦寻觅而不得的良方，愿本书提供的年度计划方案能助力读者显著提升企业执行力，为企业带来更多收益。

目录

CONTENTS

Part ❶

上篇　年度经营计划那点事儿

Part ❷

下篇 企业各部门年度计划的有效制订

上篇 年度经营计划那点事儿

第1章 年度经营计划概述及意义

1.1 年度经营计划的定义及重要性

1.1.1 成功一定要有计划

大卫·艾森豪威尔曾说："一切计划均微不足道，计划工作才是至关重要的。"工作计划，是对工作做出的初步计划，比如明确自己有什么任务、公司有什么指标，然后再确定自己任务完成的时间和完成任务的步骤方式。

如今，市场竞争特别激烈，为了满足社会生产力的需要，一定要提高工作效率。怎么才能让工作效率高又不影响正常的秩序呢？做一份企业年度经营计划！

一个合理的计划对于企业工作的开展、对于企业的进步，都有非常好的促进和推动作用。企业的生产经营都需要有明确的计划，有了工作计划，也就拥有了目标；明确了年度经营计划，工作怎么开始、怎么干，就有了方向。

所有企业都需要用系统的有计划的方式去面对市场变化。没有任何计划的营销工作，一定会让销售行动发生混乱，非但不会盈利，还会提高经费支出，因此，企业若要获得长远发展，一定不能忽视了年度经营计划的制订。

1.1.2 企业的年度经营计划

所谓企业年度经营计划是指按照章程规定，各组织在规定的时间内制订出每年的常规性计划。在企业经营管理中，年度经营计划的制订有非常重要的地位。不管企业规模大小，为了维持长期的运营，都一定要制订年度经营计划。

从宏观角度分析，年度经营计划对于企业的重要意义不言而喻。这不是一种简单的工作方式、营销模式，而是一种组织运营的基本方式。对于企业来说，最重要的是将战略、经营计划及项目管理有效连在一起。其中，首先要将战略、年度经营计划连接在一起，后者则是前者实现的重要保障。

其实，年度经营计划是企业在环境、资源、能力等限制条件下，得到相对竞争优势，达到经营目标的方法。和外资企业相比，国内企业最大的弱势既不在于资本，也不在于广告推广等，而在于管理模式的欠缺。这样的企业组织架构非常不稳定、工作没有思路，短期之内虽然也能够出奇制胜，可是从长远来说，并不能解决问题，需要不停地调整完善。

1.1.3 制订企业年度经营计划的意义

现实中，我们经常会看到一些企业虽然整天都“忙”“乱”，可是却做不出任何成绩。与之相比，另一些企业却可以轻松实现企业的“长治久安”。问题出现在哪里？最重要的原因是没有制订企业年度经营计划！

设定企业经营计划，对于一个企业来说，具体有什么意义呢？如图1-1所示：

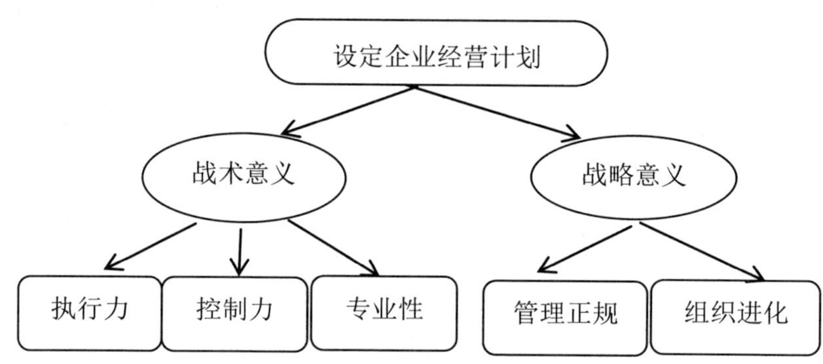

图 1-1 设定企业经营计划意义

1. 战术意义

在战术层面上，企业制订年度经营计划的意义主要有三点：

（1）提高执行力。

年度经营计划通过发挥综合协调功能，可以提高组织的执行力，让企业各部门互相配合，把日常工作和计划紧密地联系在一起。

（2）提高控制力。

年度经营计划具备科学性，除了可以促使企业加强实际工作中对每件事情的使用控制外，还可以指导企业在出现问题时做出调整。

（3）提高专业性。

年度经营计划在战术上能够让企业变得更加专业，因为这是理论指导下的实践。从某种意义上说，年度经营计划有比较清晰的流程，而且各步骤都具有相应的基本工作要求和标准，所以在实际操作中非常稳定、可靠，质量上也非常容易控制。

2. 战略意义

在战略层面，年度经营计划被称为组织的第一流程。主要意义包括：

（1）管理正规。

企业年度经营计划并不是一套简单的方法，而是现代企业以年度为单位的一种基本运作模式。主要内容包括如何管理企业，如何计划日常工作，怎样分配、监督工作，出现问题时怎样调整……这一系列的管理模式就是年度经营计划，这是企业从非正规化朝着正规化转型的重要转折点。

（2）组织进化。

如今的经济发展模式已经从跑马圈地逐渐进入精耕细作，资源越来越紧张，各行各业都开始表现出激烈的竞争态势，由此组织进化也就变成了企业的必然选择。如果想获得长远发展，企业应当以年度经营计划作为起点，引导组织完成这样的转变。

1.2 明确年度经营计划的使命和目标是什么

1.2.1 年度经营计划的使命和目标——有目标的管理

计划可以给企业正确的方向，使其避免金融变化的影响，让资源浪费最小化，也让企业走向更加容易控制。

《花花公子》杂志创始人休·赫夫纳有一个女儿，名叫克里斯蒂·赫夫纳。在她带领花花公子公司不断发展时，充分展现出她的运营才能，使得杂志发行量不断增多。

克里斯蒂毕业于布兰迪斯大学，1982 开始接管花花公子事业公司，成为新一任总裁，1988 年她又任《花花公子》CEO。

当时，克里斯蒂的主要任务是改变公司对外界的影响，让公司风格适应保守的生活态度，改变人们对男女扮演社会角色的看法。

克里斯蒂的目标是建立一个成年人的迪士尼乐园。为了实现这个目标，克里斯蒂·赫夫纳为公司制订了杂志、产品特许和海外市场三个领域目标。这三个战略计划，帮助《花花公子》杂志确立了20世纪90年代的定位，使其用更丰富、更富有智慧的内容，对男人的生活态度进行描述。

克里斯蒂为杂志制订的战略计划，短短4年让花花公子事业公司的纯利润翻了一倍。

由此可见制订企业年度经营计划的重要性！

1.2.2 年度经营计划让管理更有目标、更高效

企业管理是一个过程，若想进行有效管理，就一定要先设定一份年度经营计划。

具体说来，企业年度经营计划对于管理的重要性，主要体现在下面几个方面（图1-2）：

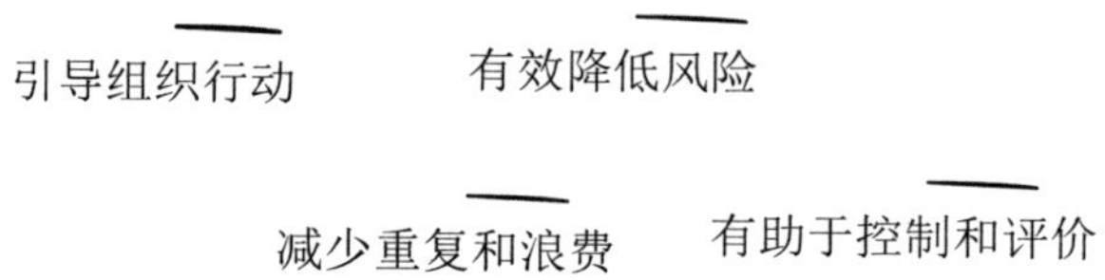

引导组织行动　有效降低风险

减少重复和浪费　有助于控制和评价

图1-2　年度经营计划对于管理的重要性

1. 引导组织行动

有了明确的企业年度经营计划，企业上下就知道应该朝哪个方向前进，同时还能够知道如何去做。就如一条船驶向大海后，船员都看到了航向，而且也知道自己要怎样去干，对于航行，这是非常重要的。如此，不仅可以让所有人集中精力，而且还能用目标激励各组织成员看到远方、看

到未来，不至于被眼前的一些不利条件造成影响。

2. 有效降低风险

对于企业来说，未来的不确定性是普遍存在且不可消除的。在这种情况下，组织怎样去降低风险？不仅要对相关因素做提前分析，还要对未来做一个大概描述，然后再基于这样的分析描述去安排行动。

假如你要买一块新手表，走到商场时，看到柜台上有 10 多种款式，这时选择手表非常容易；如果拥有 1000 多种款式，选择起来就非常困难了。在第一种情况下，可能只要花费 5 分钟就可以购买到一块手表；可是遇到第二种情况，就要花费 10 倍或者 20 倍的时间去挑手表。

为什么在手表款式少的情况下，购买效率反而会提高呢？因为选择点少，搜寻过程短。第二种情况，因为手表款式多，所以搜寻过程比较长。那么，怎样才能在第二种情况下提高行动的效率和质量？这就是计划要解决的问题！如果在买表之前，简单地想一下要买什么款式、什么价位、什么牌子的手表，那么就可以在较短时间里做出选择了。

如今，我们所面临的是一个多样化的世界，因此总会出现选择茫然症。本来有很多选择余地，会有更好的结果，可是因为选择太多，反而让我们感到无所适从。在外部不确定因素增加时，最根本的是增加内部的确定性，做一个计划，让自己知道如何才能得到好结果。

3. 减少重复和浪费

拥有了计划，就拥有了目标，那些无益于目标实现的行动就能够清除掉；而且，制订合理的行动方案，还能合理分配资源、确定职责，进而有效避免重复性的工作。

4. 有助于控制和评价

计划提供了一个有效的标准，企业的很多考核依据、控制标准都是依据计划制订的。当前，目标管理已然变成了企业管理的有效手段，目标管理的巨大价值在于它的综合性，融合了计划、过程控制和绩效管理等手段，能够充分调动下属的积极性，提高组织效率。

1.3 年度经营计划与企业战略关系如何

1.3.1 年度经营计划与企业战略的定义

要想理清年度经营计划和企业战略的关系，首先要明确两者的定义，知晓谈论的对象具体是什么样的。

企业战略说的是企业在未来需要达到的目标，以及与目标实现的业务规划、职能规划、核心能力规划等相关的工作的综合。发展战略决定了企业的发展方向、经营范围、价值链选择、竞争手段等一系列决策性问题。所以解决了战略问题，企业也就可以做一些正确事情了。

而年度经营计划却是企业在战略期内某一个特定的经营年度所需要实现的目标，还有实现这些目标所需要开展的相关工作总和。

1.3.2 年度经营计划与企业战略的联系与区别

1. 年度经营计划与企业战略的联系

根据上面的定义，可以发现两者的共同之处：

（1）两者都提出了企业的未来发展目标。都是对企业未来一段时间内的预期，指明了企业发展的方向。

（2）两者都需要把目标进行分解。分解成很多可以执行的工作内容。企业战略和年度经营计划都是各自工作内容的总和。

（3）两者都拥有统领企业所有工作的作用。企业各职能部门、业务板块的具体工作内容都是为了实现两者预定的目标而设置的，实现目标是最高宗旨；可以用其来判断企业经营决策的正确性，是企业的经营纲领。

（4）在制订企业战略和年度经营计划时，都需要考察企业的内外部环境因素。只有确定自己有怎样的资源和处于市场什么位置，才可以精准地锁定企业的发展目标。

（5）两者都是富于变化的。当企业内外部环境出现想象不到的巨大变化时，两者都需要调整，从而保证企业更好地发展、生存。

2. 年度经营计划与企业战略的区别

接下来，我们看一下两者的区别，如下表所示：

比较维度	发展战略规划	年度经营计划
周期性	周期1年	至少3年以上
内容层面	企业战略解决的是企业系统性发展层面的问题，比如业务规划、职能规划、核心能力规划等，在描述战略实现路径时会考虑企业实现计划这个层面，但不会直接提出具体的实施项目、任务、活动	年度经营计划最重要的特点之一是可落地性。要先将企业年度目标从大到小分解到最细小的各职能岗位每月、周甚至每天的具体工作中，再让公司所有职能岗位按照这个计划，实现一个个任务、一个个项目，最终实现企业的年度经营目标
目的	保证企业的价值实现	保证企业年度销售目标的实现
考察的企业内外部环境内涵	企业战略考察更偏向于外部环境，除了自身资源外，更重视竞争者、潜在竞争者、消费者、上下游产业链等方面的调研，以此来明确企业在整个市场竞争中的价值和预期目标	年度经营计划更偏向于企业内部资源考察，包含企业品牌、渠道、产品、团队、制度、资金等内容。目的是，清楚企业自身可以具体做什么、怎么做

1.4 年度经营计划的基本框架是什么

1.4.1 年度经营计划的结构

年度经营计划的内容共分成八部分，也可以称之为“八股文”。其中，核心部分是立项，此外还要考虑到立项的前因后果、在时间和资源上的配置等。

年度经营计划的内容要适中，若是时间太长，会浪费精力；若是太短，说明思考得不深入、不完整。年度经营计划的基本结构和格式主要包括：

基本结构	说明
战略目标	对企业整体战略目标描述和回顾，保证年度经营计划和企业发展战略保持一致
发展目标	用几行字简单阐述，要重点介绍一下企业为下年度设定的发展目标
市场分析	对整个市场分析，提出企业下一年度的经营整体策略
具体立项	基于企业的整体策略应当怎样立项，具体要确立哪些项目
项目资源需求	为了实行具体项目，企业需要哪些资源做出预算。有时也会涉及人力资源等因素的讨论
执行时间计划	关于企业全年所有项目的时间安排。企业要根据具体的时间安排、制订总体时间表，对所有项目都进行排期
监控计划	列出保证计划实施的工具和方法，即为了实现计划应该怎样监控，以期保证质量
风险评估与对策	计划在执行过程中遇到的意外情况，需要说明计划在什么情况下需要调整或重新实行

需要说明的是，计划赶不上变化，即使制订的年度经营计划再完善，也会遇到意外情况。所以，一定要事先设定修改计划的条件。

1.4.2 年度经营计划的内容

关于经营计划的内容，根据各公司的不同，实际情况会有所区别。一般来说，年度经营计划包括九方面内容（图 1-3）：

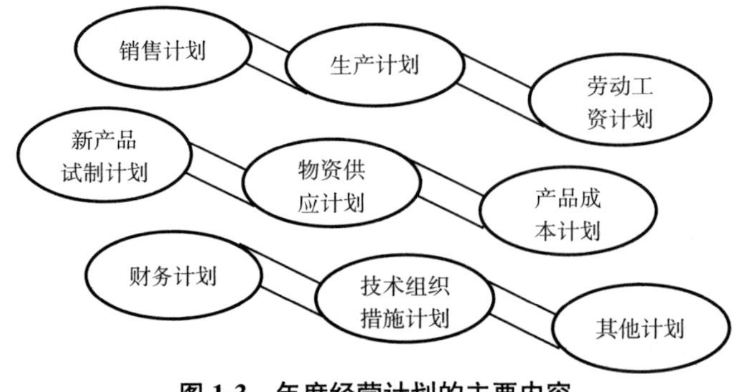

图 1-3　年度经营计划的主要内容

1. 销售计划

年度经营计划的制订，要根据国家计划、市场预测和订货合同编制。这是编制生产计划的重要依据，规定企业在计划年度内销售产品的品种、数量、销售收入、销售利润、交货期、产品质量和销售渠道等，是保证利润计划实现的关键性计划。

2. 生产计划

销售计划是年度经营计划的主要编制依据，规定了企业在计划年度内所生产的产品品种、质量、数量和生产进度，以及生产能力的利用程度，是编制劳动工资计划、物资供应计划及技术组织措施计划的依据，可以有效保证企业销售计划的实现。

3. 劳动工资计划

要依据生产计划和技术组织措施计划编制。要规定好企业在计划年度内为完成生产计划所需要的各类人员的数量、定员、定额，以及劳动生产率提高水平、工资总额和平均工资水平，奖励制度、奖金，职工培训的指标等。

4. 新产品试制计划

这是新产品开发计划的具体落实，对于推动企业的不断创新和开展市场竞争有决定性作用，要明确企业的新产品设计和研制、新工艺攻关和投产前的技术准备等指标。

5. 物资供应计划

这部分内容要依据生产计划、新产品试制计划和技术组织措施计划等进行编制，可以合理利用和节约物资、减少资金占用。要规定好企业在计划年度内生产、科研、维修等所需要的原材料、燃料、动力、外协件、外购件、外购工具等储备量以及供应量、供应渠道、供应期限等。

6. 产品成本计划

这部分内容的编制以生产计划、劳动工资计划和物资供应计划为依据，对于企业节约人力、物力、财力和增加盈利有一定的保证作用，规定了在计划年度内生产和销售产品所需要的所有费用，具体包括主要产品单位成本计划、所有商品产品成本计划和产品成本降低计划等。

7. 财务计划

这部分内容要根据生产销售、供应、劳动工资、成本这些计划编制，可以保证企业经营和合理使用资金。主要内容为固定资产计划、流动资金计划、利润计划、专用基金计划和财务收支计划，是企业生产经营状况的综合反映。

8. 技术组织措施计划

这部分内容规定了企业在计划年度内改进技术和组织每项措施的项目、进度、预期经济效果，实现措施所需的人力、材料、费用，负责人和执行单位……是实现生产计划和新产品试制计划的技术组织保证，可以有效激发内部潜力、改造薄弱环节、增产节约。

9. 其他计划

除了上面介绍的八方面内容，还包括设备维修计划工具生产计划、动力计划、动能生产计划和运输计划等。

1.5 制订年度经营计划也要遵循基本原则

1.5.1 制订年度经营计划的基本原则

一般情况下，制订年度经营计划时需要遵守下面四项基本原则（图 1-4）：

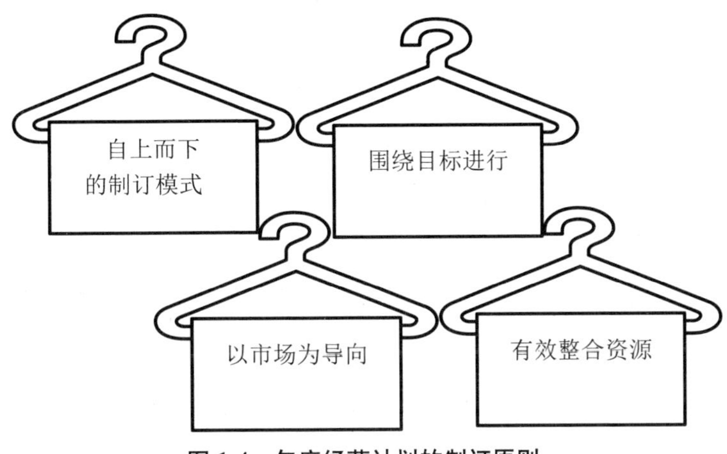

图 1-4　年度经营计划的制订原则

1. 自上而下的制订模式

年度经营计划并不是孤立的计划，在企业制订年度经营计划时只参考上一年度的计划，是非常短浅的。所以，制订年度经营计划时，一定要以企业的总体战略规划为指导，从全局出发，做好每项工作。

2. 围绕目标进行

只要确定了目标，就要紧密围绕目标制订项目，不能出现和目标没有任何关系的项目，更不能看到竞争对手有了一些行为，就盲目跟风。制订年度经营计划时，企业应当围绕目标建立一套自己的逻辑方式，明确自己的具体工作。

3. 以市场为导向

制订年度经营计划时，一定要以客户和消费者为导向。从根本上来说，营销能否获得成功，并不取决于投入的多少，而在于企业产品能否满足客户的需求。就苹果公司来说，它对广告的投入并不比中国的很多公司投入得多，可是仍旧能够得到消费者的信任，最重要的原因是它的产品以客户为导向。

要想做到“把市场作为所有工作的中心”，在制订年度计划时，就要真正从客户调研开始思考观察行情，了解行业的发展趋势，并以之为导向给客户提供产品。所以，企业在制订年度经营计划时，一定要抓住消费者，不要一味地考虑竞争对手在做什么。

4. 有效整合资源

年度经营计划是一个工业化的专业协作体，不是一个部门能完成的。企业在制订年度计划时，要将公司所有部门的主要负责人都聚集在一起，合理分工，全部参与。

比如生产计划由生产总监立项，销售计划由销售总监立项，人力资源计划由人力资源总监立项。最后，总监要达成协议，在年度经营计划上签字，对彼此和组织做出承诺。

1.5.2 制订年度经营计划的主要步骤

一般情况下，年度经营计划的制订应当遵守以下（图 1-5）的步骤：

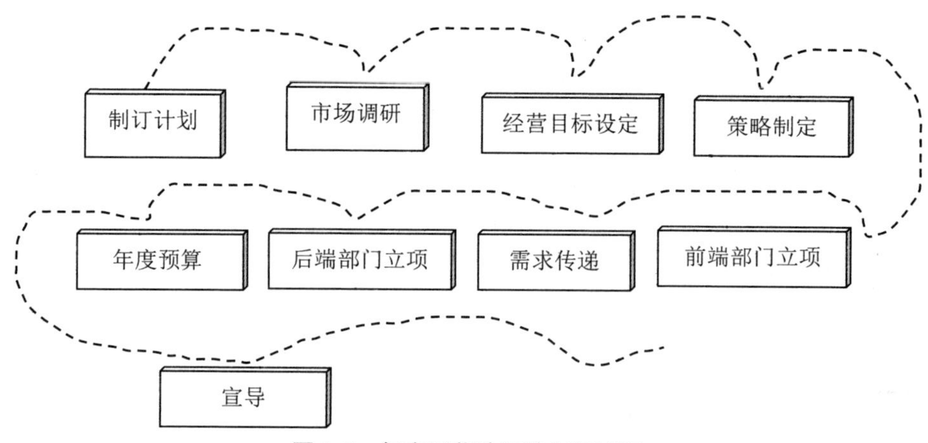

图 1-5 年度经营计划的制订流程

1. 制订计划

这个环节是年度经营计划的项目启动，一般有下面几个环节 ：

（1）启动时间。

对于年度经营计划这种常规型项目，每年都要在相应的时间进行启动。具体到什么时间，要由企业根据自己的情况来设定。

（2）参会人员。

项目启动后，整个项目的基本运营就有了逻辑流程。为了启动项目工作，需要公司总经理和各部门总监召开重要会议，即所谓的战略回顾会议。

2．市场调研

企业在提出目标后，要把它交给承接具体目标的部门，即市场部。市场部在接到增长目标后，要收集市场信息，进行市场研究，给决策者提供依据。

3．经营目标设定

目标是计划的核心，目标是不是合理决定于战略和资源的限制。一般来说，合理的目标，主要有下面几个特点：

（1）符合公司战略目标、品类规划目标、品牌规划目标、年度经营目标的层级原则。

（2）目标和公司资源现状基本匹配。

（3）与市场容量及其增长速度基本匹配。

（4）与市场发展可能性的预测基本匹配。

4．策略制定

下一年度经营计划策略，要由市场部正式提出，总经理和各部门负责人都需要签字。

5．前端部门立项

前端部门立项列表，要有总经理及各部门负责人签字同意。

策略形成正式文件后，市场部要把它传递给几个重要的前端部门进行立项。其中，最为重要的前端部门有三个：推广部、销售部和科研部。接到策略后，他们会进行组织内部的技术讨论，研究相应策略，采用合理方式去实施。

6. 需求传递

前端部门根据策略和立项需求，跟生产部传递生产需求，跟财务部传递财产需求。这两个部门跟前端部门有最紧密的关系，前端部门若想更好地解决问题，一定要获得这两个部门的支持。然后让他们分别向人力资源部传递人力资源需求，向行政部传递行政需求。

7. 后端部门立项

接收到前端部门的需求后，生产部和财务部等后端部门就要针对前端部门所提出的问题进行组织内部讨论。讨论结束后，要进行一项重要工作——立项，同时进行优先级排序。

8. 年度预算

生成年度经营计划后，要将它交给总经理，由其审阅计划目标和成本预算问题，检验计划是不是符合企业发展战略对于利润的要求。

9. 宣导

计划一旦定稿，就进入了正式签订程序。各部门负责人签字后，总经理要向高层进行宣导，包括总预算、时间、各部门的项目编号等内容。

第 2 章

年度经营计划制订的流程

2.1 认真分析年度经营环境

2.1.1 对经营环境认真分析是制订年度经营计划的第一步

所谓经营环境指的是企业经营的外部环境和内部环境。外部环境包括政治、经济、社会和技术等；内部环境包括企业自身的策略、经营、规定等因素。企业的经营活动都是在市场中进行的，各种环境因素都会对企业造成影响，只不过有的大有的小罢了。

企业要想制订年度经营计划，首先要从环境的研究与分析开始。要想让企业顺利发展，就要认真地对影响企业经营的各种因素和作用进行评估、平衡，然后用辩证的观点对具体形势做出分析，做出适应环境的动态抉择。

2.1.2 企业外部环境分析

企业外部环境可以分为两个层次：宏观环境和微观环境，如图 2-1 所示：

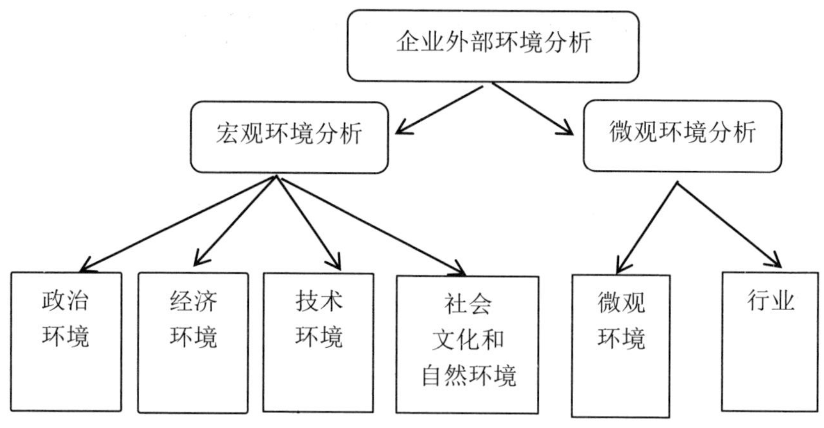

图 2-1 企业外部环境

1. 宏观环境分析

宏观环境共包括五类因素：政治、经济、技术、社会文化和自然环境。

（1）政治环境。比如国家政治制度、政治军事形势、方针政策、法律法令法规和执法体系等因素。

（2）经济环境。需要重点分析的有宏观经济形势、行业经济环境、市场及竞争状况。

（3）技术环境。比如科技研究的领域、科技成果的门类分布和先进程度、科技研究与开发的实力等。

（4）社会文化和自然环境。社会文化环境会在潜移默化中对企业的生产经营产生影响，比如文化水平会影响人们的需求层次，风俗习惯和宗教信仰可能抵制某些活动的进行等。

2. 微观环境分析

微观环境分析主要包括两方面：微观环境分析和行业分析。

（1）微观环境分析。

微观环境是企业生存与发展的具体环境，主要包括市场需求、竞争和资源等，具体内容如下：

主要内容	说明
市场需求	市场需求包括两种，一种是现实需求，一种是潜在需求。现实需求决定企业目前的市场销量，潜在需求则影响企业的未来市场
资源环境	指的是企业从事生产经营活动需要投入的所有资源，比如人力、财力、物力、技术、信息等。需要分析的主要内容包括资源开发利用状况、资源的供应状况、资源的发展变化情况等

（2）行业分析。

对企业的外部环境进行研究，可以更好地掌握行业特点。行业分析主要包括行业概貌分析和行业竞争结构分析等。

①行业概貌分析。主要分析该行业所处的发展阶段、行业在社会经济中的地位、行业的产品和技术特征等。

②行业竞争结构分析。主要分析该行业的竞争态势。在本行业中，所有企业都要面临五方面的竞争压力：潜在进入者、替代品、购买者、供应者、现有竞争者。

2.1.3 企业内部环境分析

企业内部环境，既包括企业的物质环境，也包括文化环境，是企业物质条件、工作状况和综合能力的具体体现，是企业系统运转的内部基础。通常情况下，企业内部环境分析的内容主要包括企业资源分析和企业能力分析，如图 2-2 所示：

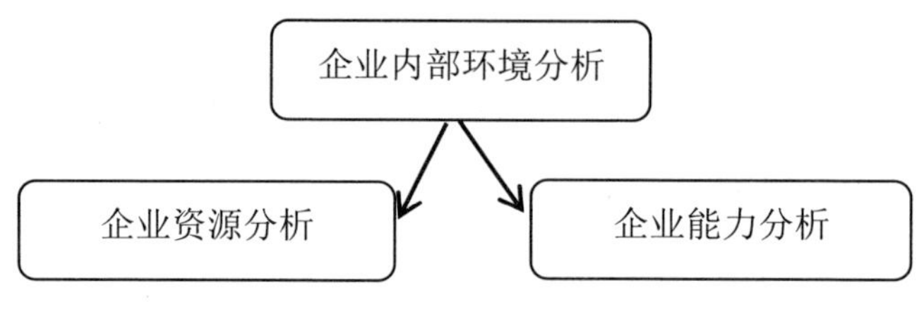

图 2-2 企业内部环境

1. 企业资源分析

企业的所有活动都需要借助一定的资源来进行，对企业资源的分析主要要素有人力资源、财力资源、物力资源、技术资源、信息资源等。

要素	说明
人力资源	具体内容有各类人员的数量、技术水平、知识结构、能力结构、年龄结构、专业结构；各类人员的配备情况、使用情况；各类人员的学习能力和培训情况；企业员工管理制度分析等
物力资源	具体内容有对企业生产经营活动拥有的物质条件进行考察，对各种物质的利用程度进行考察
财力资源	主要是分析企业资金的拥有情况、构成情况、筹措渠道和利用情况，具体包括财务管理分析、财务比率分析、经济效益分析等
技术资源	主要分析企业的技术现状，包括设备和各种工艺装备水平、仪器水平、工作人员的能力水平等
信息资源	主要分析各种情报资料、统计数据、规章制度、计划指令等

2. 企业能力分析

所谓企业能力指的是企业有效地利用资源的能力。拥有资源，不一定能有效运用，因此有效利用资源就成了企业内部条件分析的重要因素。

(1) 具备各种能力。

企业能力可以分为不同的类别，如按照重要程度划分，可以分为一般能力和核心能力；按照综合性划分，可以分为综合能力和专项能力；按照内容划分，可以分为组织能力、社会能力、产品及营销能力、生产及技术能力、市场开拓能力和管理能力等。不同的能力，分析重点也是不同的。

（2）具备核心能力。

要想形成和保持竞争优势，仅仅掌握一般的资源和能力是不够的，必须具备能够超越竞争对手的特殊能力。

附表：

年度经营环境分析表

企业外部环境分析	宏观环境	1. 政治	
		2. 经济	
		3. 技术	
		4. 社会文化和自然环境	
	微观环境	微观环境	1. 市场需求
			2. 资源环境
		行业：	
企业内部环境分析	企业资源	1. 人力资源	
		2. 财力资源	
		3. 物力资源	
		4. 技术资源	
		5. 信息资源	
	企业能力	1. 具备各种能力	
		2. 具备核心能力	

2.2 多方分析年度竞争态势及竞争策略

完成对环境的分析后，就要对竞争对手进行有效分析了。因为，只有将他们的目标、资源、市场力量和当前战略等要素进行评价，才能知己知彼，百战不殆！

2.2.1 竞争类型

从不同的角度来划分，可以将竞争者分为不同的类型，如图 2-3 所示：

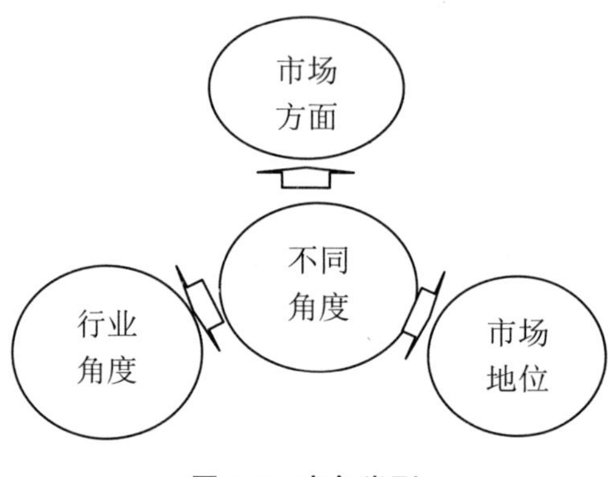

图 2-3 竞争类型

1. 从行业角度看，具体内容如下：

竞争者	说明
现有厂商	指的是本行业内现有的与企业生产同类产品的其他厂家。他们是企业的直接竞争者
潜在加入者	如果某一行业前景乐观、有利可图，其他企业就会参与进来，对市场份额和主要资源进行瓜分
替代品厂商	替代品通常与某一产品具有相同功能，能满足同一需求的不同性质

2. 从市场方面看，竞争者有品牌竞争者、行业竞争者、需要竞争者和消费竞争者。

（1）品牌竞争者。这类企业，在同一行业中，会以相似的价格向相同的客户提供类似产品或服务。

（2）行业竞争者。这类企业可以为消费者提供同种或同类产品，但规格、型号、款式不同。

（3）需要竞争者。可以为消费者提供不同种类的产品，但可以满足和实现消费者同种的需要。

（4）消费竞争者。虽然会为消费者提供不同的产品，但目标消费者相同。

3. 从企业所处的竞争地位来看，类型有市场领导者、市场挑战者和市场追随者，如下所示 ：

竞争类型	说明
市场领导者	这类企业在某一行业的产品市场上占有最大市场份额，在产品开发、价格变动、分销渠道、促销力量等方面独具优势
市场挑战者	这类企业在行业中处于次要地位
市场追随者	这类企业在行业中居于次要地位，在战略上追随市场领导者。主要特点是在技术上，他们是学习者和改进者 ；在营销上，是搭便车
市场补缺者	这类企业从事的是被大企业忽略的细小部分，可以为消费者提供某种具有特色的产品和服务，赢得一定的发展空间

2.2.2 确认自己的目标

识别出主要竞争者后，企业经营者要回答的问题是 ：竞争对手究竟想在市场上寻找什么？竞争对象的行动力是什么？

企业不同，对长期利益与短期利益的设置也各有侧重 ：有些竞争者，只要利润“满意”即可，而不是“最大利润”；也就是说，他们虽然关心企业利润，但并不会将利润作为唯一目标，在利润目标的背后，是一系列目标组合，如图 2-4 所示 ：

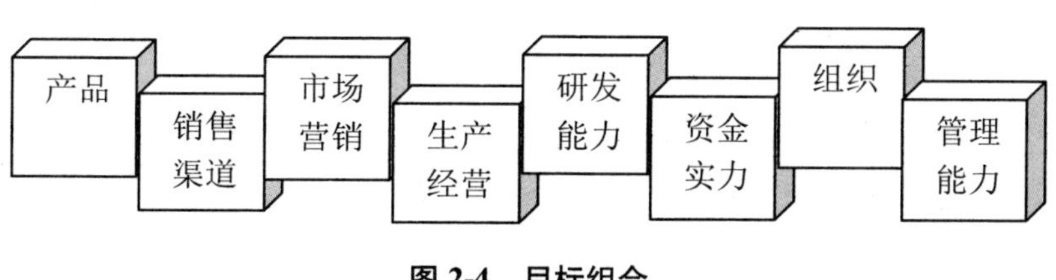

图 2-4　目标组合

1. 产品

主要内容包括竞争企业产品的市场地位、产品的适销性、产品系列的宽度与深度。

2. 销售渠道

主要内容包括竞争企业销售渠道的广度与深度、销售渠道的效率与实力、销售渠道的服务能力。

3. 市场营销

主要内容包括竞争企业市场营销组合的水平、市场调研与新产品开发的能力、销售队伍的培训与技能。

4. 生产经营

主要内容包括竞争企业的生产规模与生产成本水平、设施与设备的技术先进性与灵活性、专利与专有技术、生产能力的扩展、量控制与成本控制、区位优势、员工状况、原材料的来源与成本、纵向整合程度。

5. 研发能力

主要内容包括竞争者在产品、工艺、基础研究、仿制等方面的研发能力；研发人员的创造性、可靠性、简化能力等素质。

6. 资金实力

主要内容包括竞争企业的资金结构、筹资能力、现金流量、资信度、财务比率、财务管理能力。

7. 组织

主要内容包括竞争企业组织成员价值观的一致性与目标的明确性、组织结构与企业策略的一致性、组织结构与信息传递的有效性、组织对环境因素变化的适应性与反应程度、组织成员的素质。

8. 管理能力

主要内容包括竞争企业管理者的领导素质、激励能力、协调能力，管理者的专业知识，管理决策的灵活性、适应性、前瞻性等。

2.2.3 采取有效策略

当对手想要激怒你时，最好的应对方法是保持清醒。制订年度经营计划时，一定要明确应对竞争对手的方法。如图 2-5 所示：

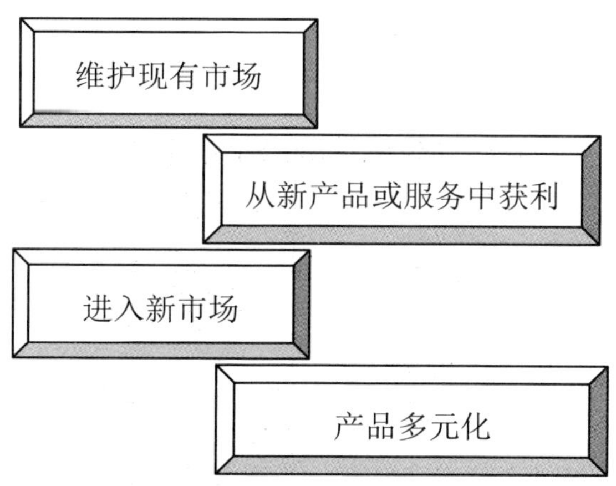

图 2-5　应对竞争对手方法

1. 维护现有市场

所谓维护现有市场是指让现有客户对企业目前的产品或服务满意。如此，不仅可以最大限度地减少资金外流，还能让企业完全避开开发新产品和寻找新客户带来的风险。

2. 从新产品或服务中获利

也就是说，向现有客户销售新产品。一旦企业建立起稳定的客户群，并跟客户建立了关系，就可以选择合适的产品或服务给客户了。当然，还可以增加其他服务、产品。

3. 进入新市场

进入新市场，企业会最大限度地延长现有产品的生命周期。不仅可以收回当初开发这些产品或服务的费用，还能够最大限度地降低成本。

4. 产品多元化

如果企业财力雄厚，完全可以利用新产品打入新市场。然而，只有核心业务员工掌握了必备的知识和经验时，才能迈出这一步。如男士服装店也可以销售女式运动装。

附表：

年度竞争态势和策略分析表

<table>
<tr><td rowspan="10">竞争类型</td><td rowspan="3">从行业角度看</td><td>1. 现有厂商</td></tr>
<tr><td>2. 潜在加入者</td></tr>
<tr><td>3. 替代品厂商</td></tr>
<tr><td rowspan="4">从市场方面看</td><td>1. 品牌竞争者</td></tr>
<tr><td>2. 行业竞争者</td></tr>
<tr><td>3. 需要竞争者</td></tr>
<tr><td>4. 消费竞争者</td></tr>
<tr><td rowspan="3">从企业所处的竞争地位看</td><td>1. 市场领导者</td></tr>
<tr><td>2. 市场挑战者</td></tr>
<tr><td>3. 市场追随者</td></tr>
<tr><td rowspan="8">确认自己的目标</td><td colspan="2">1. 产品</td></tr>
<tr><td colspan="2">2. 销售渠道</td></tr>
<tr><td colspan="2">3. 市场营销</td></tr>
<tr><td colspan="2">4. 生产经营</td></tr>
<tr><td colspan="2">5. 研发能力</td></tr>
<tr><td colspan="2">6. 资金实力</td></tr>
<tr><td colspan="2">7. 组织</td></tr>
<tr><td colspan="2">8. 管理能力</td></tr>
<tr><td rowspan="4">采取有效策略</td><td colspan="2">1. 维护现有市场</td></tr>
<tr><td colspan="2">2. 从新产品或服务中获利</td></tr>
<tr><td colspan="2">3. 进入新市场</td></tr>
<tr><td colspan="2">4. 产品多元化</td></tr>
</table>

2.3 仔细绘制年度战略地图

2.3.1 企业年度战略地图是什么

由罗伯特·卡普兰、戴维·诺顿提出的战略地图，给企业全面描述战略和年度经营计划提供了帮助，更有助于管理者和员工共同认识发展战略和经营计划。

什么是企业年度战略地图呢？是指在企业的引导下，从财务、客户、流程、学习成长等四个层面定义公司目标，各目标之间层层递进，并且通过明晰四个层面目标之间的因果关系，对企业的战略进行描述。

有了这张图，企业就拥有了一种更连贯、更完整的系统方式，可以更加便利地审视自己的战略。从这个意义上来说，战略地图就是一个工具！

2.3.2 战略地图的基本构成

战略地图一般由四个层面构成，分别是财务层面、顾客层面、内部流程层面、学习与成长层面。企业经营一定围绕四个核心问题展开（图 2-6）：

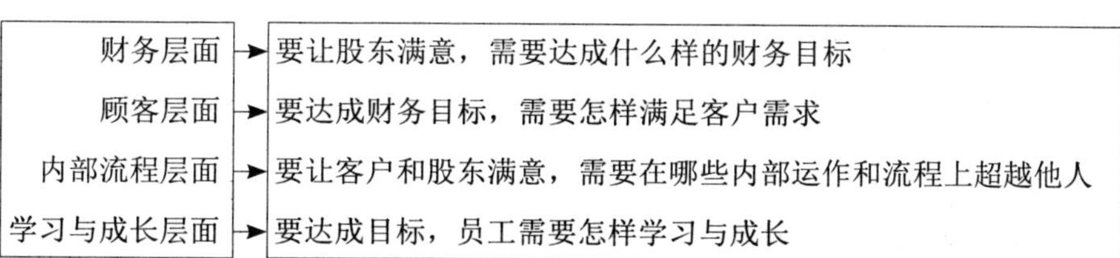

图 2-6 企业经营的核心问题

1 财务层面：要让股东满意，需要达成什么样的财务目标？

所谓以财务为核心是指在业绩评价的过程中，从股东和出资人的立场出发，树立“企业只有满足投资人和股东的期望，才能取得立足与发展所需要的资本”这样的观念。

2. 顾客层面：要达成财务目标，需要怎样满足客户需求？

为了完成财务指标，就要进行有效的市场细分，找到自己的目标客户群体，针对目标客户制订出适当的市场目标。其中，客户对于产品的满意度和市场占有率的实现情况，是完成公司财务目标的主要途径。

3. 内部流程层面：要让客户和股东满意，需要在哪些内部运作和流程上超越他人？

顾客满意和财务目标的实现，主要在于公司内部运作的高效和有序。因此，一定要明确促使企业整体绩效更好的流程、决策和行动是什么。

4. 学习与成长层面：要达成目标，员工需要怎样学习与成长？

要根据战略要求和经营重点，打造出符合公司战略要求的员工队伍。一般来说，只要公司的战略重点进行了调整，公司的运作模式、组织流程都会随之改变，相应地就会对员工的知识结构、技能水平提出更高的要求。所谓“兵马未动，粮草先行”，在战略调整之前，就要着手打造一支符合战略要求的员工队伍。

2.3.3 年度战略地图的绘制

根据年度战略地图输入识别的结果，企业就可以按照下面的步骤绘制战略地图了：

1. 确定股东价值差距

这里主要指的是财务层面的问题。

一般情况下，股东价值差距有几种表达方式，也许是利润的增长，也可能是销售增加，也可能是成本控制，还可能是稳健运营、风险控制。

2. 调整客户价值主张

这里主要指的是客户层面的问题。

要想有效弥补股东价值差距，就要对现有客户进行分析；之后，再调整企业的客户价值主张。客户价值主张大概分为以下四种：

客户价值主张	说明
成本最低	企业要通过提高流程效率、压缩费用、降低成本等手段，让企业的整体运营成本变得最低，进而满足客户需求
强调产品创新和领导	企业要通过不断创新，给客户提供持续具备竞争力的产品和服务
强调提供全面客户解决方案	有这种价值主张的客户需求，已经不是简单的产品或产品组合，客户需要的是全方位解决方案
系统锁定	不仅需要产品本身或解决方案，更需要对企业进行全方位评价和衡量，以此来保证企业可以长期、稳定地提供产品或者服务

3. 确定战略主题

这里主要指的是内部流程层面的问题。

要明确关键流程，确定好企业短期、中期、长期要做些什么事。通常有四个关键内部流程非常重要，包括运营管理流程、客户管理流程、创新流程、社会流程。

4. 提高战略准备度

这里主要指的是学习和成长层面的问题。

这一层面的主要工作是对企业现在具备的无形资产的战略准备度进行有效分析，明确自己拥有或者不具备支撑关键流程的能力。若没有，就要找到一定的办法予以提升。概括起来，企业的无形资产分为三种：人力资本、信息资本、组织资本。

附表：

年度战略地图的绘制

战略地图的基本构成	1. 财务层面
	2. 顾客层面
	3. 内部流程层面
	4. 学习与成长层面
年度战略地图绘制	1. 确定股东价值差距
	2. 调整客户价值主张
	3. 确定战略主题
	4. 提高战略准备度

2.4 确定年度经营目标

2.4.1 什么是年度经营目标

目标管理的概念是美国管理专家彼得·德鲁克 1954 年在他所著《管理实践》中最先提出的，之后其又提出了“目标管理和自我控制”的主张。

德鲁克觉得，并不是因为有工作才会有目标，而是有了目标才能确定个人的工作。因此企业的使命和任务必须转化为目标；如果某领域没有目标，那么该领域的工作一定会被忽视。

同样，对于企业来说，确定明确的年度经营目标是非常重要的。那么，到底什么才是年度经营目标呢？所谓年度经营目标，是指从企业的长期战略目标出发，在分析企业外部环境和内部条件的基础上制订的公司下个年度每种经营活动所要达到的高度或结果。

2.4.2 确定年度经营目标的原则

制订目标看起来似乎非常简单，但是有些原则是需要掌握的，尤其是

SMART 原则，如下表所示：

1	S（Specific）	明确性	目标设定要切中特定的工作指标，不能笼统
2	M（Measurable）	衡量性	目标表现是数量化的，验证这些绩效指标的数据或者信息是可以获得的
3	A（Attainable）	可实现性	指目标在付出努力的情况下可以实现，避免设立过高或过低的目标
4	R（Relevant）	相关性	指目标与其他指标的关联情况，可以证明和观察
5	T（Time-based）	时限性	注重完成目标的特定期限

下面，我们具体来谈一谈：

1. 明确性

年度经营目标使用的具体语言，要清楚地说明达成的行为标准。

明确的年度经营目标，是所有成功组织的一致特点。比如将目标表述成“增强客户意识”，就不是明确的。增强客户意识有许多具体做法，比如减少客户投诉、提高服务态度、使用规范礼貌用语、采用规范的服务流程等，这些都是增加客户意识的重要手段。

不明确，就无法评判、衡量。因此，对目标的描述一定要改成“我们将在某月底前把前台收银的速度提升至某标准”。

2. 衡量性

年度经营目标的衡量性，是说目标应当是量化的，并非是笼统的。若是制订的目标没有办法考核，这个目标能否实现也就无从判断。可是，并不是所有的目标都可以量化，有时也会有例外。比如有些战略性质的目标就难以清晰地量化出来。

如“为所有老员工安排进一步的管理培训”这个目标，“进一步”是一个既不量化也不容易考核的概念，是不是只要安排了培训，不管效果好不好，都叫“进一步”？这个目标应该设定为：在什么时间完成对所有老员工关于某个主题的培训”；还可以具体理解为：学员培训考核平均在85分以上，低于85分就觉得效果不理想。这样的目标才具备衡量性。

3. 可实现性

是指制订的年度经营目标一定能够被执行、实现、达到，管理者如果使用权力一厢情愿地将自己制订的目标强加给执行者，一定会造成执行者内心和行为上的抗拒。一旦有一天这个目标完成不了，执行者就会推卸责任：“我早说过这个目标肯定完成不了，可是你不信”“项目开始前我和你说过，这个标准定得太高了！很难实现，可是当时你不相信”。

4. 相关性

年度经营目标的相关性，是说实现这个目标和其他项目目标有无关联？如果实现了年度经营目标，却和长久规划的战略目标没有关系，或者相关度很低，那么本年的经营目标即使实现了，意义也不大。

比如对于前台接待人员来说，可以给其制订一个提高英语水平的目标，这样接听电话更方便。在这里，提高英语水平和前台接电话的服务质量就具备一定的相关性。

5. 时限性

年度经营目标的时限性是说目标一定有时间限制，比如一年。上下级之间，对于目标轻重缓急的认识程度一般不同，有时候上司非常着急，可是下属还不曾认识到。没有明确时间限定的目标，会带来考核的不公正，伤害到执行者的工作热情。

附表：

确定年度经营目标

确定年度经营目标的原则	1. 明确性
	2. 衡量性
	3. 可实现性
	4. 相关性
	5. 时限性

2.5 确定年度经营计划

2.5.1 什么是年度经营计划

年度经营计划是由企业的年度销售、生产供应、财务、成本等计划构成的综合性计划，是长期经营计划的具体体现和实施方案。

一般情况下，年度经营计划的制订，横跨了公司所有部门，规划的是为达成公司年度目标需要在一年开展的重点工作，要解决的主要问题包括确定年度目标、规划年度活动、确定经营对策。

2.5.2 年度经营计划的制订流程

年度经营计划的制订需要经过一个流程，如图 2-7 所示 ：

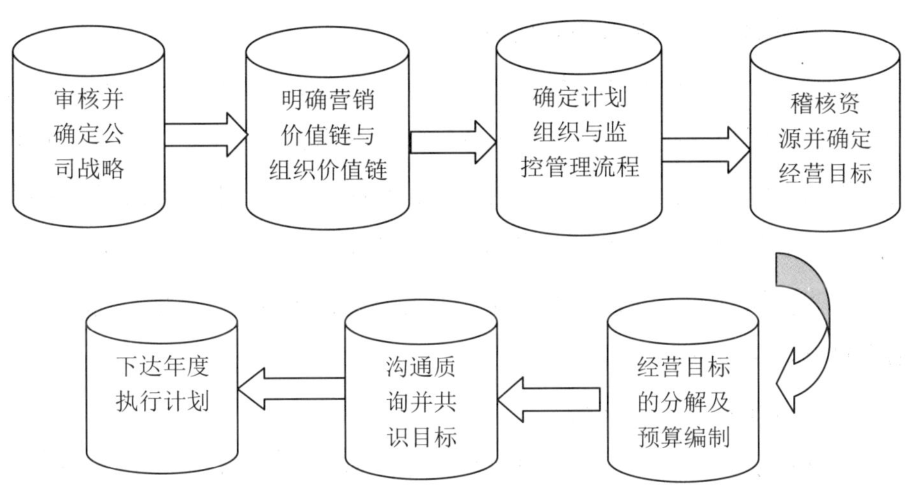

图 2-7　年度经营计划制订流程

1. 审核并确定公司战略

清晰、科学的战略规划，细致、可行的年度经营计划，是企业从战略到执行、建设核心竞争能力、实现可持续发展的重要保障。

2. 明确营销价值链与组织价值链

企业的营销价值链源于市场回归市场，之后再经过中间的产品循环，即市场需求—产品设计及研发—生产。企业的组织和价值链都源于战略回归战略。

3. 确定计划组织与监控管理流程

任何企业的情况都不同，因此在确定年度经营计划的组织和监控管理流程时，需要根据自身的特点去进行。

4. 稽核资源并确定经营目标

在做年度经营计划时，一定要考虑人和岗位的对接和匹配问题。在确定公司年度经营目标时，不仅要考虑到内部和外部资源能力，还要想到产业价值链能力和价值链资源能力等。

5. 经营目标的分解及预算编制

很多时候，企业各部门和员工的目标不是根据企业的战略目标逐步分解得到的，而是依据本部门和员工各自的工作内容提出来的。这样的过程是自下而上的，并不是自上而下的分解。因此，经营目标和战略经常会发生脱节，导致部门和个人的绩效目标总和跟企业战略目标不一致。因此，企业经营目标应当层层分解落实到员工的身上，让员工对战略目标的实现承担起应有的作用。

6. 沟通质询并共识目标

制订年度经营计划时，计划的共时性特别关键，一定要当面一对一地进行，要遵循直接主管—直属高管—计划管理部门—计划管理委员会—董事会的流程，最终达成共识目标。

7. 下达年度执行计划

在制订年度经营计划时，需要注意下面几点：全员参与，集体对决；

悟真求实；现状认识准确，未来预期合理，专业人做专业事，人事共济；时间轨迹一维性；全局观念；以成长发展为目标；股东利益、员工利益最大化；计划是从上到下，执行时是从下到上。

为了更好地理解年度经营计划制订的程序和重要地位，可以读读下面的案例。

有一个地方餐饮集团，由三家公司组成，从性质上看，两家属于直营公司，一家属于加盟合伙公司；从口味上来划分：一家为粤菜，一家为家常菜，一家为川菜。

做年度经营计划时，老总指定办公室主任负责这一项工作。主任对比过去三家公司的销售额，制订了一个计划：粤菜餐饮公司年度经营计划是3000万元（去年是2000万元），家常菜餐饮公司的年度经营计划是2000万元（去年是1500万元），加盟合伙公司的年度经营计划是1000万元（去年是500万元），一共是6000万元。

之后，公司主任跟各公司负责人进行了沟通。在办公室主任的“谆谆善诱”下，结果产生了：粤菜餐饮公司的年度经营计划提高到5000万元，家常菜餐饮公司的年度经营计划提高到3000万元，加盟合伙公司的年度经营计划维持原来的1000万元，一共9000万元。这时办公室主任说：“差1000万就1亿了。大家再分担一部分。”大家同意了办公室主任的建议。

当办公室主任将做好的1亿元的年度计划上报集团老总时，老总觉得很意外，因为老总的心理底线是6000万至7000万元。这时，办公室主任说：“我已经和公司负责人沟通了，大家有信心达到这个目标，前提是增加奖励——完成计划后，各分公司的负责人都要得到2%的奖励。”听办公室主任这样说，老总同意增加奖励，于是计划开始运作。

企业的年度经营计划是其他计划的大纲和指南，具有决策性。其以企业相对独立的商品生产者和经营者为前提，根据企业的外部环境和内部实力制订和编制，直接关系到企业的生存和发展。所以，企业做好年度经营计划时，一定要注意这样几个要点：

1. 重视协调性：年度经营计划的制订，要注意内外部，各环节、各部门之间保持相互协调，这样才能让企业的目标得以实现，并让企业得到最大限度的效益。

2. 加强灵活性：计划指标要留有余地。

3. 要有积极性：经过努力能够办到的事，要尽量安排，努力争取办到。

4. 要有可靠性：计划指标要用资源条件做保证，通过努力可以实现。要将尽力而为和量力而行相结合，让计划既具有先进性又拥有科学性。

5. 信息应当尽可能具体和详尽，便于理解执行。

附表：

确定年度经营计划

年度经营计划的制订流程	1. 审核并确定公司战略
	2. 明确营销价值链与组织价值链
	3. 确定计划组织与监控管理流程
	4. 稽核资源并确定经营目标
	5. 经营目标的分解及预算编制
	6. 沟通质询并共识目标
	7. 下达年度执行计划

2.6 做好年度预算

2.6.1 企业年度预算程序

全面预算是由一系列预算所构成的体系，每项预算之间相互联系，相比之下关系有些复杂，各企业都具有不同的行业特点和针对性需求，需要按照“上下结合，分级编制，逐级汇总”的程序进行，具体分为下面几个程序（图 2-8）：

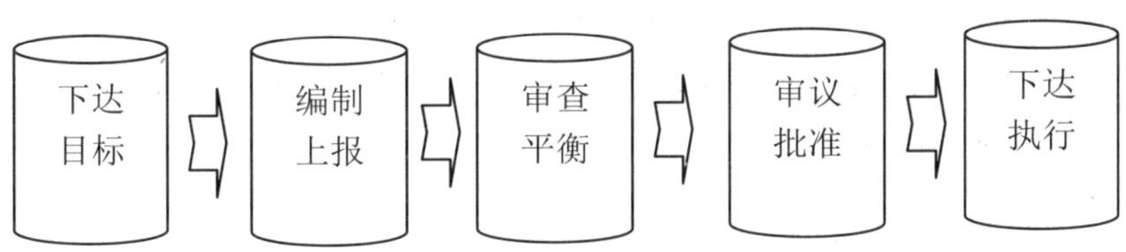

图 2-8　年度预算程序

1. 下达目标

这一步，企业董事会或者经理会根据企业发展战略和预算期经济形势的初步预测，在决策的基础上提出下年度企业财务预算目标，由预算管理层下达到各部门。

2. 编制上报

各部门按照预算管理层下达的财务预算目标和政策，提出详细的本部门财务预算方案，上报企业财务管理部门。

3. 审查平衡

企业财务管理部对各部门上报的财务预算和方案进行审查、汇总，提出综合平衡建议，并且反馈给各有关部门给予修正。

4. 审议批准

企业财务管理部在各部门修正调整的基础上，编制出企业财务的预算方案，报预算管理层讨论。在讨论、调整的基础上，企业财务管理部门正式编制企业年度财务预算草案，提交董事会或者总经办审议批准。

5. 下达执行

企业财务管理部把董事会审批的年度总预算，分解成一系列指标体系，由财务预算管理层逐渐下达到各部门执行。

2.6.2 如何制订年度预算

对于老板而言，企业不怕没有钱，就怕没有人，尤其怕的是没有能人；所谓能人是指有比较高层面的认识，可以给企业发展开源节流。怎么才可以更好地去做年度预算呢（见图 2-9）？

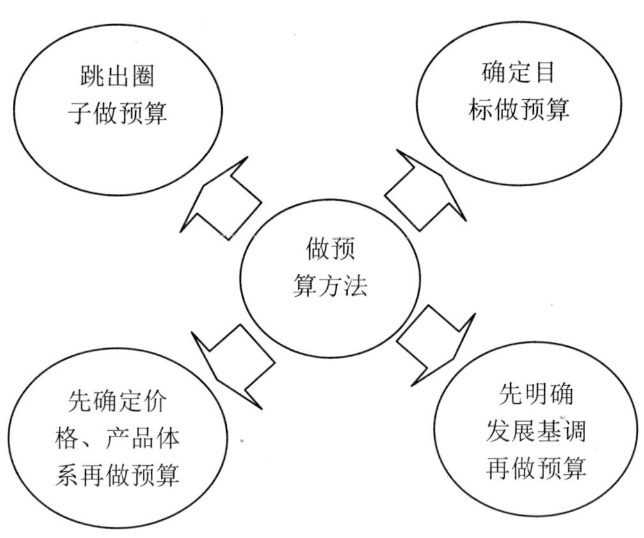

图 2-9　制订年度经营计划的方法

1. 跳出圈子做预算

跳出圈子做预算包含三层含义：跳出企业做预算；跳出部门做预算；

跳出中心做预算。进一步说，做企业整体预算，要站在行业高度和战略高度层面；做部门预算，必须站在中心角度；做中心预算，要站在企业层面。

制订年度经营计划时，要跳出圈子做预算，一年比一年规范化；最好不要单纯地站在各自中心角度做预算，要站在企业整体经营方向、全局意识上做预算。

2. 确定目标做预算

各中心、部门在做预算之前，一定要做到生产指标、销售指标、利润指标的明朗化、清晰化，这是做好预算的三个大前提。同时，除了结合自身新一年度需求和资源匹配程度做预算之外，还要结合中心、企业发展角度等因素，才能让预算更加趋于合理。

3. 先明确发展基调再做预算

对于企业来说，每年发展阶段目标不一、发展态势有区别。产能扩大，是为企业创造效益而扩展；市场扩大，是为企业创造效益而扩展；人力结构的扩大，是为企业创造效益而扩展。各阶段，企业的发展各有侧重。所以，相应在预算制订上也有差异。

4. 先确定价格、产品体系再做预算

之前，我参加过一场预算会，价格因素还没有确定，企业就开始召开预算会了，结果企业在利润上为负数。有几个利润指标，老总第一眼就看出了不合理，可是会开了半天，坐了一圈子的中层、部长甚至是中心总监愣是没提出来，仅仅围绕各自利益继续争执。

价格因素和产品结构因素是年度预算的关键环节，也是左右企业是否盈利的关键！因此，一定要先确定好价值产品体系，然后再做预算。

附表：

年度生产预算

<table>
<tr><td rowspan="5">年度预算程序</td><td>1. 下达目标</td></tr>
<tr><td>2. 编制上报</td></tr>
<tr><td>3. 审查平衡</td></tr>
<tr><td>4. 审议批准</td></tr>
<tr><td>5. 下达执行</td></tr>
<tr><td rowspan="4">制订年度预算方法</td><td>1. 跳出圈子做预算</td></tr>
<tr><td>2. 确定目标做预算</td></tr>
<tr><td>3. 先明确发展基调再做预算</td></tr>
<tr><td>4. 先确定价格、产品体系再做预算</td></tr>
</table>

第 3 章

年度经营计划实施的检查与评价

3.1 确立企业目标绩效管理体系

3.1.1 什么是绩效管理体系

绩效管理体系是一套有机整合的流程和系统，对于建立、收集、处理和监控绩效数据有所专注。这是企业最终目标得以实现的驱动力！

将关键绩效指标和工作目标当载体，通过绩效管理的三个环节实现对全公司各类人员工作绩效的客观衡量、及时监督、有效指导、科学奖惩，能够极大地调动全员的积极性，能发挥各岗位优势提高公司绩效，实现企业的整体目标。

作为绩效管理核心部分的绩效目标，并不是从企业战略逐渐分解得到的，而是根据各自的工作内容提出来的。如此，绩效管理和战略目标一旦出现了脱节现象，就很难引导员工趋向组织目标了。

所谓绩效目标，就是评估者和被评估者提供所需要的标准，方便客观地讨论、监督、衡量绩效。员工的绩效目标和整个组织单位、部门或整个目标有紧密联系，因此绩效目标是有效管理的基础！

3.1.2 如何构建目标绩效管理体系

如今越来越多的中国企业在内部管理实践中，意识到绩效管理的重要性，可是很多企业在实施中没有做到位，导致绩效管理体系被束之高阁，变成一纸空文。那么，怎样才可以保证绩效管理体系有效推行？可以参考下面的内容：

1. 绩效管理内容体系设计

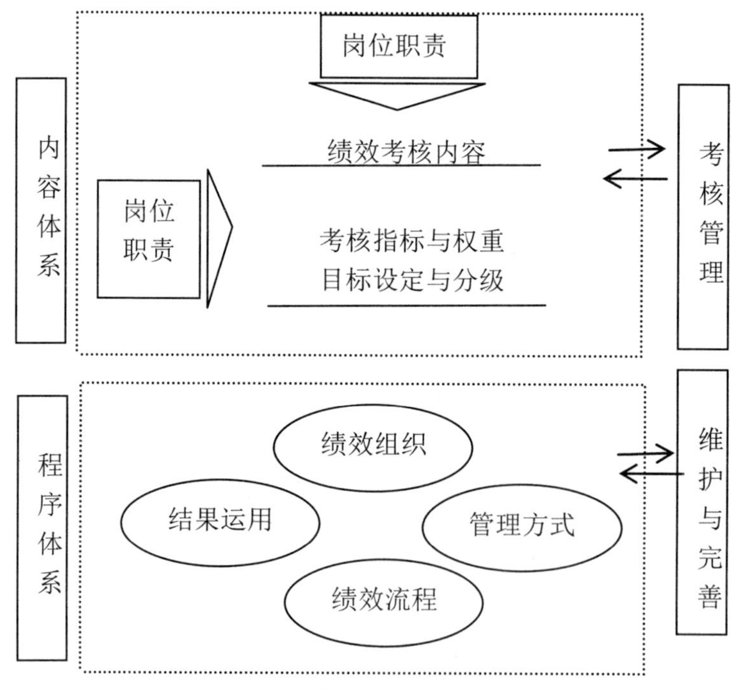

图 3-1　保证年度经营计划有效执行的方法

内容体系设计，即通常意义上所说的绩效考核指标和目标的设定，是对“考什么”的直观反映，是我们的绩效考核表。这是绩效考核的外在形态，包含三个重点：战略分解和职责分析、考核指标拟定、目标设定。

（1）战略分解和职责分析。

之所以要进行战略分解和职责分析，主要目的是为了提取衡量公司、部门和员工业绩达成的关键价值要素，重点工作是将员工的关键业绩成果和日常工作中产生的工作评价内容提取出来。

（2）考核指标拟定。

指标拟定一共有两个重要的信息来源，一是企业的战略规划，二是员工的工作说明书。两者缺一不可。

（3）目标设定。

一般来说，目标设定的标准，要结合历史数据、经营计划、组织发展需求等因素，设置的目标应当具备一定的挑战性，实现程度的设定也应该建立在员工正常实现的基本目标上。

总之，在指标和目标体系的设计中，战略分解和职责分析、考核指标拟定、目标设定和分级是互相递进的，共同构成了绩效考核的内容体系，这就是绩效管理的“形”。

2. 绩效管理程序体系设计

绩效目标和体系推进是否可以实现，取决于绩效管理的内容体系。即绩效管理的方式和过程，才是绩效管理的落脚点。

绩效管理的程序体系包括绩效管理组织、管理流程、实施办法、考核结果使用、绩效和薪酬的挂钩、绩效改善行动计划等。这里，我们从考核打分和结果评定机制、考核及薪酬体系挂钩两方面进行阐述。

（1）关于考核打分和结果评定机制。

绩效管理体系完成的过程一般都经历了从培训、多次沟通讨论、体系设计、试运行、反复修正到实施的过程。这个过程的主要工作有：

①基础工作或基本管理体系要跟上绩效管理要求，比如相关信息档案目录的建立，定期检查和反馈机制的建立等。

②观念上的宣导要充分，避免主观因素在评价时占据主导地位。

③对考核分数结果的分级，可以采用直接排序、强制分布、缓和强制分布等方式，但要结合公司人员特点制订考核结果分配计划，并给奖金方案设计留下一个接口。

（2）绩效考核结果的使用。

在考核打分和结果分级完成后，绩效考核结果的使用主要涉及员工薪酬、培训发展和职位晋升等方面。

绩效考核结果和员工直接收益的挂钩主要体现在两方面：一是调薪结果；二是奖金发放。分别由业绩指标和能力指标两种方式形成对应组合，如图 3-2 所示：

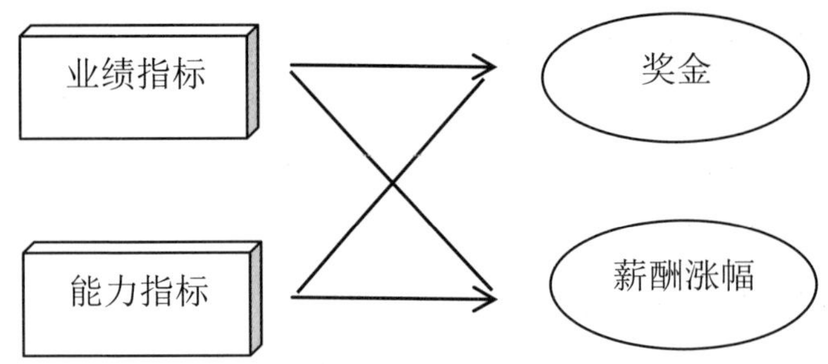

图 3-2 绩效考核结果的两种对应组合

附表：

确定企业目标绩效体系

绩效管理内容体系设计	1. 战略分解和职责分析
	2. 考核指标拟定
	3. 目标设定

绩效管理程序体系设计	1. 关于考核打分和结果评定机制
	2. 绩效考核结果的使用

3.2 目标绩效管理五步法

在战略绩效管理五步法理论体系中，战略绩效管理分为战略地图的构建、绩效目标的制订、绩效计划的制订、绩效评估的制订和绩效结果的运用五大步骤。如图 3-3 所示：

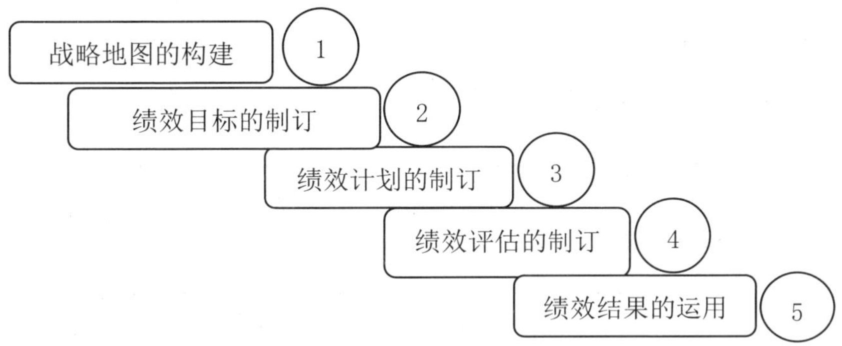

图 3-3　绩效管理的五大步骤

3.2.1 战略地图的构建

战略绩效管理的第一步是构建年度战略地图。

年度战略地图是最具有创造力的，可以像军事地图一样将组织愿景、组织战略、关键成功因素和行动方案按因果关系存在一张图上。战略地图不仅可以让组织战略变得一目了然，而且能使组织战略横向、纵向沟通变得畅通，也能够让企业预算、资源配置等更加科学合理。

如果想构建战略地图，首先要从制订明确的企业战略和年度经营计划开始。将战略和年度经营计划，通过战略地图表现出来，是设计战略地图的基础！

3.2.2 绩效目标的制订

目标绩效管理的第二步是制订公司、部门、业务单元和岗位的绩效目标。

在绩效目标和计划中，最重要的是制订关键绩效指标（KPI）和绩效合同。怎样确定关键绩效指标呢？首先，保证选出的关键绩效指标能够让企业、部门和员工的目标保持纵向和横向一致。其实，各层次关键绩效指标的制订，是战略地图的分解过程，是将组织战略主题转化成各层级关键绩效指标的过程。

关键绩效指标的制订，一般来说包括以下两方面（图 3-4）：

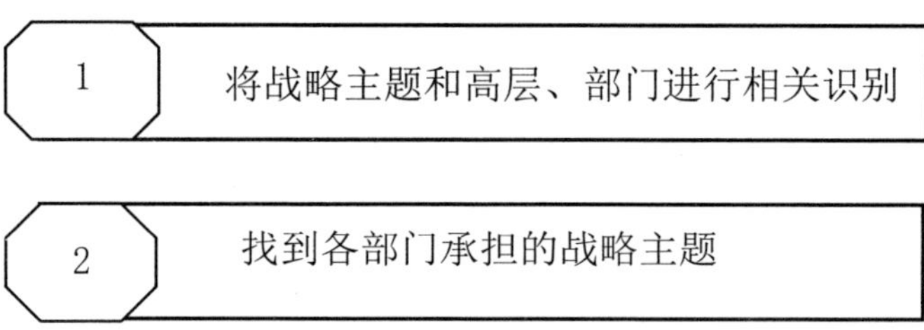

图 3-4　关键绩效指标的制订

首先，要将战略主题和高层、部门进行相关的识别，将战略主题分解到各高层管理者和各部门，明确每项战略主题应当由哪个高层承担，并确定最终的牵头和主导部门。任何一项战略都不可能由部门承担，因为这样会淡化承担战略主题部门的责任，所以在战略主题识别时，需要找出最直接、最相关的部门，突出承担部门责任。

明确了相关责任部门后，要找到各部门承担的战略主题。一般来说，各高管和部门都会承担很多战略主题，根据各部门承担的战略主题，画鱼骨图，就可以找到各支撑战略主题能够衡量的关键绩效指标，继而建立起各高管和部门的关键绩效指标库。

3.2.3 绩效计划的制订

绩效管理的第三步是制订绩效计划。

在绩效实施的过程中，如果想了解绩效目标和计划执行情况，上级管理者和下级员工都要进行定期或不定期的沟通。必要时，管理者还要对下级员工给予辅导，帮助员工制订出合理的绩效计划，并跟踪绩效计划的实施情况，及时帮助员工排除障碍，修订绩效计划。

通过绩效沟通和辅导，能够帮助部门和员工不断改进工作方法和技能，纠正绩效目标的偏离，进而对出现的问题进行指导和纠正，顺利地完成绩效目标，实现企业的战略目标。

3.2.4 绩效评估的制订

战略绩效管理的第四步是制订绩效评估。

所谓绩效评估是指根据部门和员工的绩效合同，采用各种方法和手段收集信息和数据，按照绩效的衡量标准对部门和员工的实际绩效表现进行评价。

要想保证绩效评估的公平性和合理性，首先要保证绩效评估信息的充分和真实。通常，绩效评估的数据来自两个方面：

数据来源	说明
相关部门提供的数据	比如销售额、销售成本、利润增长率、新产品成长率、生产成本、产品合格率、员工满意度、顾客投诉率等
收集的部门、员工数据	比如工作失误记录表、工作成绩记录表、异常信息反馈、工作检查记录等

3.2.5 绩效结果的运用

绩效成绩的应用有很多方面，大多数企业进行绩效管理的主要目的是为了合理分配绩效薪酬。除此之外，绩效成绩还有很多简单运用，比如工资调整、绩效奖金分配、层级晋升和职位调整、教育培训、指导员工职位发展等。

附表：

构建目标绩效管理体系

步骤	内容	主要工作
1	战略地图的构建	
2	绩效目标的制订	
3	绩效计划	
4	绩效评估的制订	
5	绩效结果的运用	

3.3 年度经营计划实施的评价

3.3.1 经营计划实施过程中的评价

有家企业由于主导产品酒精的原料市场逐年趋紧，生产规模难以为继，再加上企业旁类产品效益差，使得企业发展受到威胁。为了改善企业的产品结构、提高企业的总体效益水平、改变原材料制约带来的困境，该企业欲推出一种新研制的高效消毒液——KB 液。

可是，该项产品开发的可行性怎样、预期效果怎样，企业一无所知。最后，不得不聘请管理咨询人员进行论证和评价。

和这个案例一样，很多公司在发展过程中，都需要对各种工作计划、工作战略进行评价，这也是企业顺畅发展的一个决定性条件。

所谓工作评价是指监测战略进展，评价战略业绩，修正战略决策，达到预期目标。工作评价主要包括三项基本活动：考察企业战略的内在基础、将预期结果和实际结果进行比较、采取措施保证行动和计划一致。一般来说，在进行评价时，一定要注意下面的内容和准则：

1. 年度经营计划的检查内容

在对年度经营计划进行检查的时候，要围绕以下内容展开：战略是不是和企业内外部环境一样；从使用资源的角度去分析，战略是不是恰当；战略涉及风险程度时，能不能接受；战略实施的时间和进度是不是恰当；战略是不是可行等。

2. 年度经营计划的工作评价标准

如下所示，在对年度经营计划进行评价的时候，要坚持以下标准：

标准	说明
一致性	战略的一个重要作用是和企业活动保持一致。可是，在实际工作中，不一致性很常见
和谐及适合性	要想处理好企业和环境之间的关系，就要解决好两个问题，即企业配合和适应环境的变化，跟其他试图适应环境的企业展开竞争
可行性	在企业设备、人力和财务资源制约因素下，是否可以推行制定的战略，这个问题很关键
可接受性	战略是不是和主要利益相关者的期望保持一致性
优势性	竞争优势和三个问题有关：比较多的资源、较强的技能、比较有利的地位

3.3.2 正确评价经营计划的方法

为了有效控制企业发展战略目标的实现过程，就要秉承科学性、系统性、时效性和操作性原则，采用定性分析和定量分析相结合的方式，建立一套发展战略分析评价体系，定期对发展战略执行状况进行跟踪和分析。

企业建立发展战略规划分析评价体系，应当以系统理论、黑箱理论，结合现代系统工程和反馈控制管理理论为基础，采取以下（图 3-5）方法：

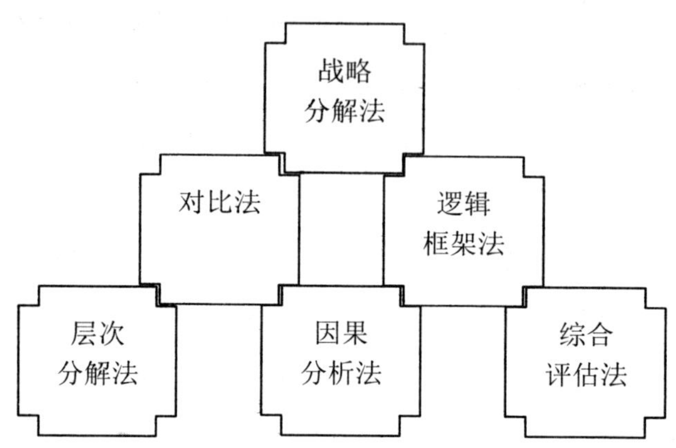

图 3-5 建立发展战略规划分析评价体系的方法

1. 战略分解法

把企业的战略目标体系分解成一个树形图，在树形图中，确定企业的目标使命和宗旨，继而制定出企业的总体战略。

2. 对比法

基本原则是在同度量基础上进行对比分析，包括发展战略规划实施前后效果的对比、预计和实际结果的对比。要找出实施发展战略规划中的变化和差距，分析总结经验和教训，提出改进方式。

3. 逻辑框架法

这种方法的核心是发展战略规划和目标、愿景的因果逻辑关系，即使用一张简单的框图，对发展战略的内涵进行分析，理清发展战略规划和目标、愿景之间的关系。

4. 层次分解法

这种方法是将定性分析和定量分析有效结合起来，根据问题的性质和目标，把评估对象分解成不同的层次；之后，按照各因素隶属关系自上而下排列成相应的层次结构，求出各层要素的相对重要程度和各项因素的权重值；最后，对评价的数据进行比较分析，得出评价结果。

5. 因果分析法

在发展战略实施过程中，在主客观因素的影响下，发展战略规划的实际技术经济指标和预测会发生一定的偏差，因此在项目后评价时，不仅要对这些因素进行评估，还要认真分析问题产生的原因，提出解决问题的措施。

6. 综合评估法

这种方法是对实施发展战略的技术效果、经济效果、社会效果等进行综合评价，得到一个最终结果，继而找到解决方案。

附表：

年度经营计划实施的评价

<table>
<tr><td rowspan="6">经营计划实施过程的评价</td><td colspan="2">年度经营计划的检查内容：</td></tr>
<tr><td rowspan="5">年度经营计划的工作评价标准</td><td>1. 一致性</td></tr>
<tr><td>2. 和谐及适合性</td></tr>
<tr><td>3. 可行性</td></tr>
<tr><td>4. 可接受性</td></tr>
<tr><td>5. 优势性</td></tr>
<tr><td rowspan="6">正确评价经营计划的方法</td><td colspan="2">1. 战略分解法</td></tr>
<tr><td colspan="2">2. 对比法</td></tr>
<tr><td colspan="2">3. 逻辑框架法</td></tr>
<tr><td colspan="2">4. 层次分解法</td></tr>
<tr><td colspan="2">5. 因果分析法</td></tr>
<tr><td colspan="2">6. 综合评估法</td></tr>
</table>

3.4 年度发展计划的修正

3.4.1 年度发展计划是一个不断修正和完善的过程

欧洲有句著名的格言：“不容许修改的计划是坏计划。”中国也有一句俗语“计划赶不上变化”。这两句话都说明了一个道理：不管做任何事，都要依据外部环境的变化，及时修正和调整自己的计划，合理地调整目标。因为，任何计划都不是完美无缺的。

归纳起来，一份完整的年度工作计划，应当包含以下内容：

1. 对整体市场环境进行分析，给出专业判断。

2. 具体的新年度工作计划。年度工作计划，是信念工作的一个灵魂和纲领，只要这部分得到了确定，整个年度工作也就有了方向。如此，从今往后的工作更多地会围绕第三个环节进行修正和完善。

之所以要对企业年度经营计划进行修正和完善，是因为，在一开始很多企业都无法制订出科学的发展计划。在实践过程中，通过评估，总会发现不同的地方，发现问题和漏洞所在，这时为了避免进一步造成损失，就要对计划进行修订和完善。

3.4.2 年度发展计划修订的步骤

一般情况下，企业年度发展计划的修订要经过下面几个步骤（图 3-6）：

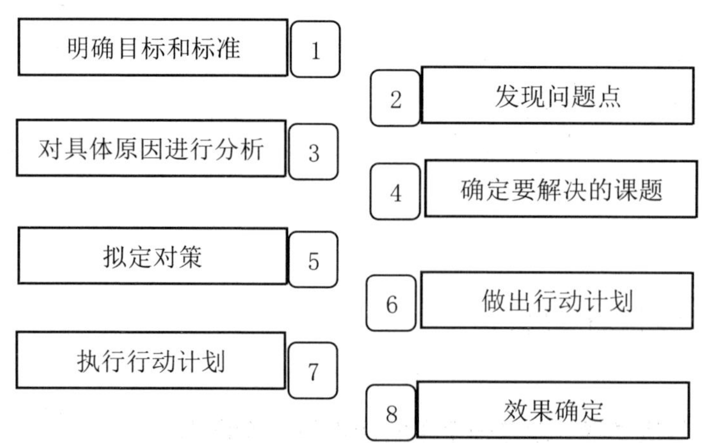

图 3-6　年度发展计划的修订步骤

1. 明确目标和标准

完善企业年度经营计划，首先要有明确的目标、标准。因为只有知道自己要达成的目的或者状态，才能够发现是否真正存在问题。

2. 发现问题点

在这个环节中，需要做的工作有积极秉持问题意识，逐渐改善意识；掌握现状，调查现状，认真地关注现状，时刻注意可能的问题；辨别问题的种类。

3. 对具体原因进行分析

主要工作有辨别问题现象和产生现象的原因；针对具体的问题点，找到真正的原因；整理归纳每一项原因，找出最重要的原因。

4. 确定要解决的课题

主要工作有依据要因分析的结果，如果发现要解决的课题很多，要将最重要的选择出来进行处理。有些因素来自客观因素，不是凭自己就能够解决的，如汇率、利率。

5. 拟定对策

主要工作为思考出那些针对问题的对策；针对客观环境所产生的要因，找到减低影响或者规避的方法；对提出的对策，选择最适合的解决方式。

6. 做出行动计划

主要工作为明确作业项目、负责人、期限和进行的顺序。

7. 执行行动计划

主要工作为注意执行时是不是确实依据行动计划的内容进行；随时了解实施的状况。

8. 效果确认

主要工作为调查执行时是不是确实依据行动计划进行；若问题仍然没有办法解决，要调查执行行动计划是否有偏差，如果没有，就表示对策失效！

附表：

年度发展计划修订

步骤	1. 明确目标和标准
	2. 发现问题点
	3. 对具体原因进行分析
	4. 确定要解决的课题
	5. 拟定对策
	6. 做出行动计划
	7. 执行行动计划
	8. 效果确认

3.5 年度经营风险管理

3.5.1 企业经营的风险管理

在制订年度经营计划的过程中，往往会处在一个动态的经营环境中，企业会面临各种各样的经营风险。这些经营风险，有来自公司内部的，比如人力资源风险、技术风险、财务风险、管理风险、法律风险、持续经营风险；也有来自于企业外部的，比如自然灾害、经济环境变化、政治环境变化、市场波动、文化环境变革等。因此，建立经营风险管理机制，对于保障企业正常经营，是十分重要的（图 3-7）。

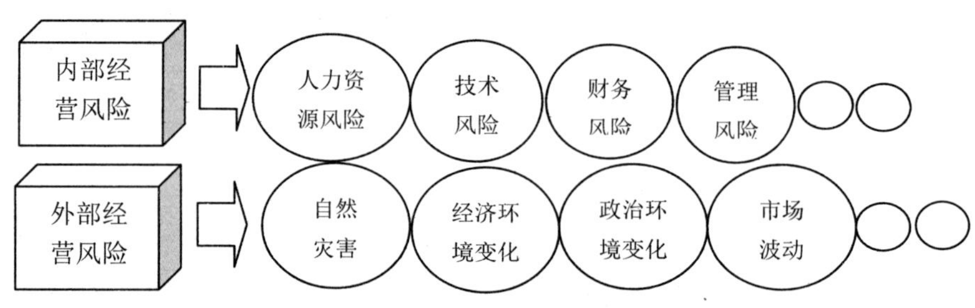

图 3-7　企业经营风险管理重要性

企业经营风险管理是企业以合理的风险成本投入，通过对风险的确认、选择和控制，实现最大的经营安全度。在企业的经营中，无论如何都避免不了风险，因此一定要加强风险管理，将风险减到最低；通过对风险的认识、衡量和分析，选择最有效的方式，主动、有目的、有计划地处理风险，用最小的成本争取获得最大的安全保证。

3.5.2 企业经营中的风险管理内容

一般来说，企业在经营过程中会面临众多风险。风险管理只要兼顾到方方面面，才可以保证企业健康顺利发展。对于这些问题，一定要在企业年度经营计划中明确好。

1. 企业内部年度经营风险管理

企业内部经营风险一般包括人力资源风险、技术风险、财务风险、管理风险、法律风险、持续经营风险等，具体解释如下。

风险	包括内容
人力资源风险	包括核心人力资源对企业经营目标不认同、核心人才的流失、人力资源激励不到位造成的怠工、人员供给不足造成的关键岗位长期空缺、劳动力成本大幅上涨导致企业的支付能力下降、员工技能不足造成岗位不适、违法用工风险等
技术风险	包括企业对新技术、新工艺、新材料的发展趋势理解和应用不足、产品升级换代滞后、新产品研发投入不足等
财务风险	包括现金风险、投资风险、融资风险、税务风险等
管理风险	包括管理变革失败、管理理念陈旧、流程创新不够、管理制度及规范墨守成规等
法律风险	包括经济合同风险、用工风险等
持续经营风险	包括企业接班人风险、家族传承风险、竞争能力衰退风险、产业或产品生命周期风险等

2. 企业外部年度经营风险管理

企业外部经营风险一般包括自然灾害风险、经济环境风险、政治环境风险等。

（1）自然灾害风险，包括地震、海啸、台风、暴雪等。

（2）经济环境风险，包括经济危机、财政紧缩、税务改革、通货膨胀、国家经济制度调整、经济结构调整、产业布局调整等对企业经营造成的影响。

（3）技术风险，包含新技术更替、新工艺导入、新材料应用等对企业经营造成的影响。

（4）政治环境因素，指的是对企业经营活动具有影响的政治力量以及有关的法律法规，包括政局稳定性、政府对于外来企业的态度、国家的政治制度和体制等。

3.5.3 有效防范与控制企业年度经营风险

既然企业经营不可避免地都存在这样那样的风险，那么建立和健全企业经营风险管理机制就非常必要了。企业在进行经营风险管理时，需要采用下面几种策略（图 3-8）：

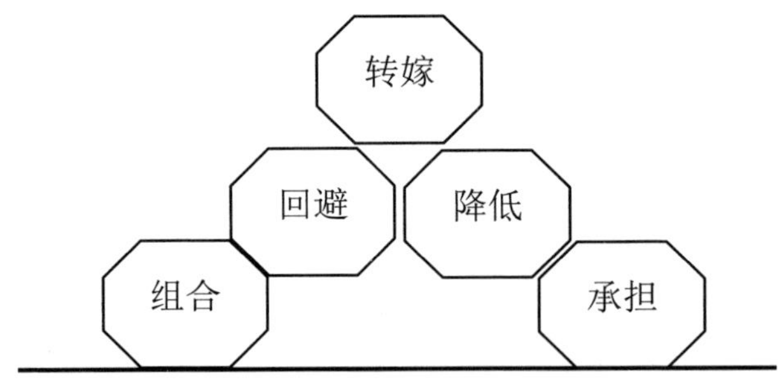

图 3-8 经营风险管理策略

1. 转嫁

转嫁风险并不是说逃避责任，比如购买人身意外伤害险、财产安全险等诸如此类的手段，就能将风险转嫁给保险公司；也能通过和第三方联盟将长期投资风险、营销风险、财务风险等不可保风险降到最低。

2．回避

企业可以通过和供应商、经销商形成战略联盟，抵御和避开共同面临的风险。

3．降低

对于没有办法转嫁、没有办法回避的经营风险，可以采用积极的预防性措施，以此来降低风险发生的可能性或者减少发生后的损失。比如为了减少抵销赊销中坏账风险，可以加强对赊账客户的管理、对于客户的信用进行调查和甄别、对应收账的账龄进行分析、建立赊销责任制度等。

4．组合

即运用大数法则，增加承担风险个体的数量，降低损失。如果是长期投资项目，可以采用合资、合伙或股份化的组织形式筹资组建，这样也可以减少风险。

5．承担

对于通过上面四种方式都不可以规避的风险，企业要勇于面对和承担，提前做好预防措施，比如对库存产品提前提取跌价准备等。

附表：

企业年度经营风险管理

风险管理内容	内部风险管理	1. 人力资源风险
		2. 技术风险
		3. 财务风险
		4. 管理风险
		5. 法律风险
		6. 持续经营风险
	外部风险管理	1. 自然灾害风险
		2. 经济环境风险
		3. 政治环境风险
经营风险防范	1. 转嫁	
	2. 回避	
	3. 降低	
	4. 组合	
	5. 承担	

3.6 绩效管理与绩效合同

3.6.1 绩效管理及其管理模式

所谓绩效管理是指各级管理者和员工为了达到组织目标一起制订绩效计划，进行绩效辅导沟通、绩效考核评价、绩效结果应用、绩效目标提升等，目的都是为了持续提升个人、部门和组织的绩效。

在这个过程中，绩效计划制订是绩效管理的基础环节，不制订合理的绩效计划，就无法实现真正的绩效管理；绩效辅导沟通是绩效管理的重要环节，工作做不到位，绩效管理也就无法落到实处；绩效考核评价是绩效管理的核心环节，这个环节的工作出现问题，会给绩效管理带来严重的负面影响；绩效结果的应用，是绩效管理得到成效的关键，如果对员工的激励和约束机制存在问题，绩效管理就无法取得理想的效果。

通常，绩效管理的过程被看作一个循环，共分为四个分环节，即绩效计划、绩效辅导、绩效考核与绩效反馈。调查显示，绩效管理系统有下面几种典型模式（图 3-9）：

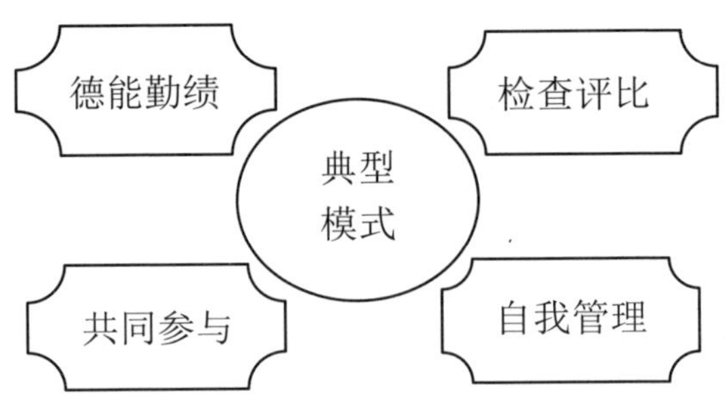

图 3-9　绩效管理系统典型模式

1. 德能勤绩

这种模式的本质特征是：对业绩方面的考核指标，“德”“能”“勤”方面特别少；在很多情况下，考核指标的核心要素并不齐备，也没有评价标准，更说不上设定绩效目标。

2. 检查评比

这种模式的典型特征是：按照岗位职责和工作流程详细列出工作要求和标准，考核项目众多，单项指标所占的权重特别小；评价标准很多都是扣分项，很少有加分项；考核项目众多，考核信息的来源是一个非常重要的问题，除了个别定量指标外，很多考核指标信息都来自于抽查检查。

3. 共同参与

这种模式有三个显著特征：一是绩效考核指标比较宽泛，缺少定量硬性指标，为考核者留出很大余地；二是崇尚360度考核，上级、下级、平级和自我都要进行评价，而且自我评价一般占比较大的权重；三是绩效考核结果和薪酬发放联系不紧密，绩效考核工作得到大家的极力抵制。

这种方式，对于提高工作质量、团队精神的养成有积极作用，可以维系组织稳定的协作关系，约束个人的不良行为，督促个人完成各自任务，方便团队整体工作的完成。

4. 自我管理

这种模式的显著特征是：通过设定激励性目标，让员工为自己的目标实现负起应有的责任；上级赋予下属足够的权利，不太干预下属的工作；不进行太多的过程控制考核，大多注重最终结果；崇尚“能者多劳”的思想，重视对个人的激励作用，绩效考核结果不仅跟薪酬挂钩外，还决定着员工岗位的升迁或降职。

采用这种模式，不仅可以充分调动个人的主动积极性，还能激发有关人员尽最大努力完成目标，对于提高公司效益也有好处。可是，采用这种模式，需要具备一定的条件，如果条件不具备，很容易发生严重的问题和后果，自然也就无法保证个人和组织目标的实现。

3.6.2 绩效合同及其价值

有些公司不仅跟员工签订了劳动合同，还签订了绩效合同。那么，绩效合同的概念是什么？为什么需要签订绩效合同？所谓绩效合同指的是正式合同之外的附加合同，是跟正式合同一道签署的。

简单来说，个人绩效合约是指雇员与经理签订一种书面协议，记录在这一段时间内一定要取得的成绩，所取得的成绩应当对雇员和公司均有益。主要内容大致是：在完成正式合同的相关指标后，根据完成的优劣，实行一种奖励。

附表：

绩效管理与绩效合同

绩效管理模式	1. 德能勤绩
	2. 检查评比
	3. 共同参与
	4. 自我管理
绩效合同及其价值	

下篇 企业各部门年度计划的有效制订

第 4 章 行政部年度计划的制订

4.1 年度日常接待管理计划

对于行政部门来说，对每项接待工作都要高度重视并树立起强烈的机遇意识、责任意识，要将其作为一项政治任务去完成；同时，还要树立起“每个人都代表企业形象，每个人的一言一行都是企业文化的折射”的思想意识，保证高质量地完成每一项接待任务。

因此，为了做好日常接待工作，也需要制订年度接待管理计划！

4.1.1 如何做好接待工作

对于行政部来说，如何才能做好接待工作呢？

1. 做好接待的准备工作

在制订年度接待管理计划的时候，首先要明确的是需要做好哪些接待的准备工作，比如：

准备	说明
编制接待手册	为了提高接待工作的质量，首先要了解来宾的人数、姓名、性别、年龄、民族、职务；确定好接待规格，要根据所对应的职务确定究竟该由公司的哪位领导去陪同接待
物质的准备	接待客户时，首先要将贵宾室、荣誉展厅、会议室等提前打扫干净，桌椅摆放要整齐，桌面要保持清洁，没有水渍、污渍
业务知识和能力的准备	对于接待人员来说，要想给客户留下一个好印象，首先要对企业的发展历史，精品工程的特点、规格，各部门的工作有一个大概了解，这样当客户提问的时候，就不会无话可说了

2. 形成良好的接待程序

要形成一套良好的接待程度。在每类工作接待中，通过不断的摸索和实践，组建一套迎接、陪同、送行的接待服务思路。

3. 注重细节，全过程负责

行政部门要树立“接待无小事，细节定成败”的接待理念，每次接待都要高度重视各细节，了解每位来宾的日常生活习惯，继而为其做出周密的安排。

4.1.2 日常接待的原则

在进行日常接待时，一定要遵守“对等、对口、保密、服务、节约、优先”的原则，让客人高兴而来、满意而去（图 4-1）。

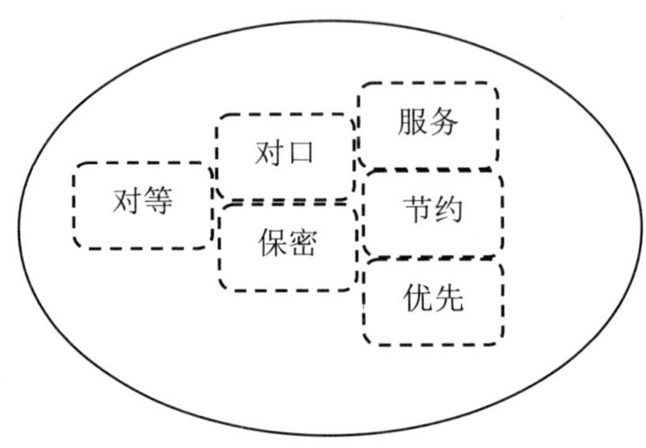

图 4-1　企业日常接待原则

1. 对等原则：对待来宾，不管职务高低，都要平等相待、落落大方、不卑不亢。一般情况下，级别和权限相等，同级别出面，特殊情况高规格接待。

2. 对口原则：各职能部门对口接待，综合性接待时，各部门应予以协调，谁出面接待，谁就结账。

3. 保密原则：接待中涉及机要事务、秘密文电、重要会议，要注意保密。接待中，既要熟练介绍公司情况，又要做到内外有别，严守公司商业机密，巧妙回避不合适回答的问题，对于不合适的摄影摄像的场合，应和参观人员说明。

4. 服务原则：接待程度应衔接周密，接待方式应完善，要以礼相待，让客人感到热情、周到；要充分使用公司资源，宣传企业和产品，提高公司知名度和美誉度。

5. 节约原则：内部成本效益核算。招待来宾要从简，不能铺张浪费，也不用重复宴请，要坚决杜绝高消费，避免不必要的支出。

6. 优先原则：优先安排重大接待活动。

4.1.3 常见的日常接待流程与标准

行政部办公室日常接待管理工作的流程和标准，如下图所示：

阶段	工作执行标准	执行工具
编制接待方案	1. 接受接待任务，收集接待人员的相关信息资料，制订符合访客特点和要求的接待工作方案 2. 明确接待时间和地点、接待标准、接待程序、洽谈地点、接待成本、接待人员职责分工等 3. 根据行政经理的意见，对接待工作方案进行补充和完善，并报主管领导审批	接待指令、访客接待需求申请表、接待对象信息调查表、接待工作方案
接待准备	1. 行政部依据审批通过的接待工作方案，进行接待准备 2. 做好接待准备工作：场所布置、车辆安排、接待人员培训、来访接待安排、返程安排等 3. 在接待当天和相关职能部门及访客沟通联系，确认来访的各项事宜，做好接待准备 4. 需要确认的内容包括来访时间、交通工具、来访人数、人员名单、来访特殊要求说明等	接待工作方案、接待工作单、接待管理制度
接待与服务	1. 访客到达前一分钟，接待人员要准备就绪，并且提醒相关部门做好会见准备 2. 按照事先规定的迎接程序迎接访客 3. 在访客来访的过程中，行政部提供各项招待服务，比如用餐招待、住宿休闲招待、咨询等 4. 访客招待标准必须符合企业相关规定，把招待费用控制在预算内	接待管理制度、员工礼仪与行为规范、接待标准规定、接待工作方案
送别	1. 接待访客过程中，仔细听取访客的意见、建议，及时记录，及时汇总、分析与上报 2. 访客的意见、建议，包括访客对企业整体影响的评价、对接待工作的评价和建议等 3. 引导访客离开，按接待礼仪送别访客	访客意见信息登记表、访客意见信息反馈报告、员工礼仪与行为规范
后续处理	1. 行政部送走访客后，将接待现场相关用品、物件撤去，保证环境整洁 2. 收集各项相关信息，总结接待工作，反思不足之处，编制接待工作总结报告 3. 制订接待工作改进计划，经主管领导审批后严格执行	接待费用报销单、接待工作总结报告、接待工作改进计划

附表：

年度日常接待管理计划

做好接待工作	1. 做好接待的准备工作
	2. 形成良好的接待程序
	3. 注重细节，全过程负责
接待原则	1. 对等
	2. 对口
	3. 保密
	4. 节约
	5. 服务
	6. 优先
接待流程	1. 编制接待方案
	2. 接待准备
	3. 接待与服务
	4. 送别
	5. 后续处理

4.2 年度会议管理计划

开会是现代人群沟通最主要的形式。行政部门开会，通常会涉及众多利益相关者，但并不是各利益相关者都能很好地从会议中得到有价值的东西。

4.2.1 会议管理中存在的问题

会议管理，看似简单，可是若想真正把它做好，对行政部来说也是一件比较头疼的事情。

业界流行一句话："会而议，议而决，决而行，行而彻。"可是，真正将会议管理做好，可不是一件容易的事情。要想进行有效的会议管理，首先要对其中存在的问题有一个大概了解（图 4-2）：

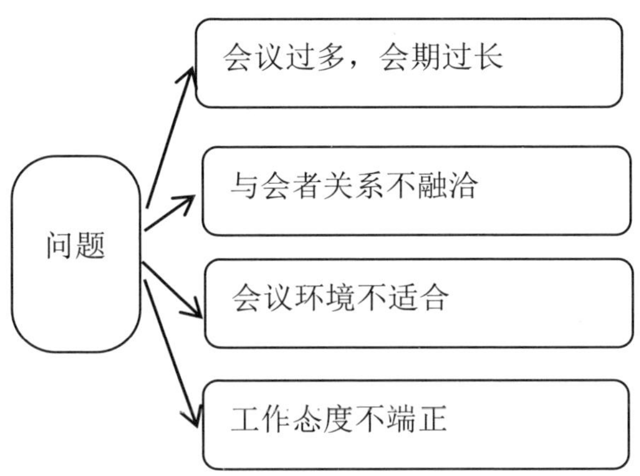

图 4-2　会议管理存在的问题

1. 会议过多，会期过长

有些领导认为开会是解决一切问题的灵丹妙药，只要遇到问题就开会，对于会议的目的不明确；对于为什么要开会、开会要达到什么样的目的和取得什么结果，也没有明确的回答……在这种情况下贸然开会，势必会造成会议的失控，进而产生消极作用。

有些会议开起来没完没了，本来 1 小时就该有结果、就可以将问题说清楚，非要开上两三个小时。殊不知，人的精力十分有限，并且会受到生物钟影响，当管理者兴致盎然在台上高谈阔论时，台下人早已经“无心恋战”。

2. 与会者关系不融洽

与会者因为知识结构、文化素质、个人阅历、身处的地位和部门不同，对于同一个问题难免会有不同的看法，容易产生意见分歧。不正确处理意见分歧，很容易发生冲突，进而影响到会议的正常进行，降低会议效率，甚至让会议无法实现目标。

3. 会议环境不适合

会议环境不适合主要表现为周围环境嘈杂、室内气候条件不佳、视听视觉辅助设备效果不佳、室内空间狭小、坐椅不舒服、灯光昏暗、手机铃声不停等。这些都会对与会者造成负面影响，降低会议效率。

4. 工作态度不端正

有些工作人员态度散漫，时常使用敷衍的态度对待工作，擅自脱离岗位，推卸责任，无法及时传达上级重要指示、会议精神，更不能及时反映会议发生的重大紧急事情，导致会议的效率低下。

4.2.2 加强年度会议管理的措施

会议组织管理活动在多数工作环节上，一定要体现出高效的要求。当然，要想做到这一点，首先要好做下面几个工作（图 4-3）：

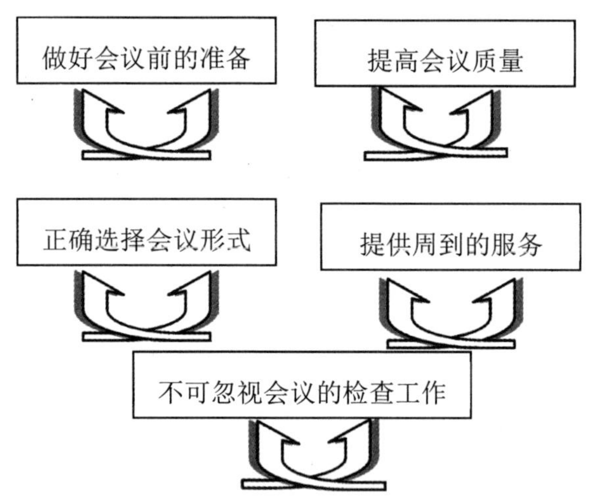

图 4-3 会议管理需要提前做好的工作

1. 做好会议前的准备

俗语说得好："会而议，议而决，决而行，行而彻！"其实，在这句话前面还可以加上另外三个字："备而会"，即准备会议。因此，为了加强年度会议管理，首先要对会议准备提出相关要求。

2. 提高会议质量

开会，要讲究会议质量。开会打电话、抽烟、耳语，开会迟到早退，开会时间过长，会上不说、会后发牢骚等，都是因为会议质量不高、会风不好。因此，要想提高会议质量，就要确定一个会议目标。

3. 正确选择会议形式

会议，是一件耗费时间、人力、财力、物力的事情。有些情况，本就不是开会沟通的最好方式，也并不是任何问题都能通过开会来解决。因此，每一次会议，在开始之前，都要对开会的必要性进行质疑，可以不开的会，尽量不开；可开可不开的会，尽量不开；一定要召开的会，尽量少开。

4. 提供周到的服务

会议工作的本质，是为会议服务。周到的服务，不但是开好会的重要条件，也是会务人员作风的体现。因此，一定要让全体会务人员保持工作热情。

5. 不可忽视会议的检查工作

会议组织者除了通知、组织会议外，还有责任保证会上决定的工作任务得到全面贯彻。

4.2.3 制订年度会议管理计划的流程

会议是解决问题的重要手段，是企业管理工作的一个重要方式，而且会议组织和服务情况还直接影响着会议的质量和效果。

行政部是会议组织和服务的归口责任部门，负责会议的筹备、组织开展和会议服务等工作，对于会议的质量和效果有重要责任。因此，在制订年度会议管理计划时，还要明确会议管理计划的流程。

1. 明确会议管理流程设计的目的

企业行政会议管理流程的设计目的主要有三个：

(1) 会议各项工作安排妥当，职责分工明确，组织工作井然有序，确保会议开展顺利。

（2）提高会议工作效率，提高会议效果，督办会议决议，保证会议决议的执行。

（3）逐步实现企业管理的规范化、标准化和程序化。

2. 会议管理流程设计

行政会议管理流程的结构设计，要采取总分结构，先设计总的会议管理流程，再设计会议准备、会议开展、会议善后等子流程；具体到各流程，则要按照“关键节点工作执行标准、流程执行工具、关键事项和考核指标”这个思路进行设计。

附表：

年度会议管理计划

<table>
<tr><td rowspan="4">会议管理中存在的问题</td><td>1. 会议过多，会期过长（ ）</td><td rowspan="4">备注：
分析后，如果企业确实存在其中的某类问题，就在其后面的括号里打“√”，以便改进</td></tr>
<tr><td>2. 与会者关系不融洽（ ）</td></tr>
<tr><td>3. 会议环境不适合（ ）</td></tr>
<tr><td>4. 工作态度不端正（ ）</td></tr>
<tr><td rowspan="5">加强会议管理的有效措施</td><td colspan="2">1. 做好会议前的准备</td></tr>
<tr><td colspan="2">2. 提高会议质量</td></tr>
<tr><td colspan="2">3. 正确选择会议形式</td></tr>
<tr><td colspan="2">4. 提供周到的服务</td></tr>
<tr><td colspan="2">5. 不可忽视会议的检查工作</td></tr>
<tr><td rowspan="2">制订年度会议管理的流程</td><td colspan="2">1. 明确会议管理流程设计的目的</td></tr>
<tr><td colspan="2">2. 会议管理流程设计</td></tr>
</table>

4.3 年度办公用品管理计划

所谓办公用品管理制度是指针对企业办公用品的计划、采购、分发和保管及销毁的制度，目的在于规范公司办公用品的申购、入库、保管、发放、使用、报废、盘存、交接程序，让其能够有序地管理，责任明确，节俭节约，避免浪费。

办公用品管理系统，不仅可以对办公用品的采购、入库、领用、退料等环节进行全方位管理，还可以随时查看办公用品的使用情况、库存情况等，帮助企业节约成本，提高企业竞争力。

4.3.1 办公用品管理存在的问题

很多企业在办公用品管理方面都存在一些纰漏，具体有下面几个问题（图 4-4）：

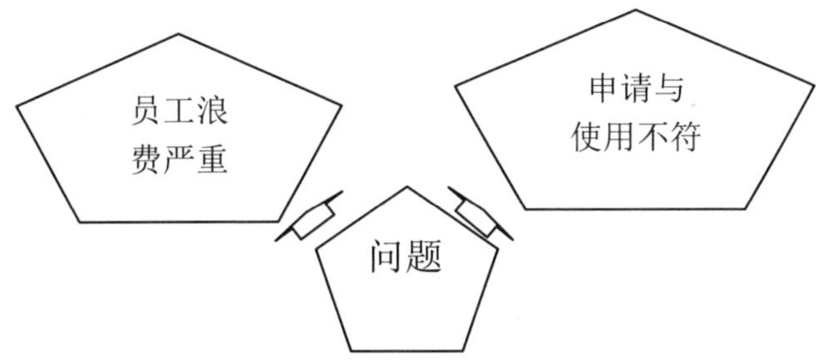

图 4-4　企业办公用品管理存在的问题

1. 员工浪费严重

各企业中，不管是哪个部门，都需要办公用品，比如办公桌、办公椅、打印机、复印机，还有纸张、笔、生活用纸等。可是，这些办公用品在充当工作必需品时，也出现了各种各样的浪费。

2. 申请与使用不相符

申请办公用品时，需要由各部门指定人员依据本部门实际情况，填写《办公用品领用申请单》，经过部门领导的同意后，转办公室，再由办公室统一指定人员去购买。

可是，在现实中，众多企业却出现了申请和使用不相符的现象，比如申请多于使用，结果造成严重浪费。

4.3.2 办公用品管理内容与要求

办公用品的管理计划，可以按照下面的思路来进行（图 4-5）：

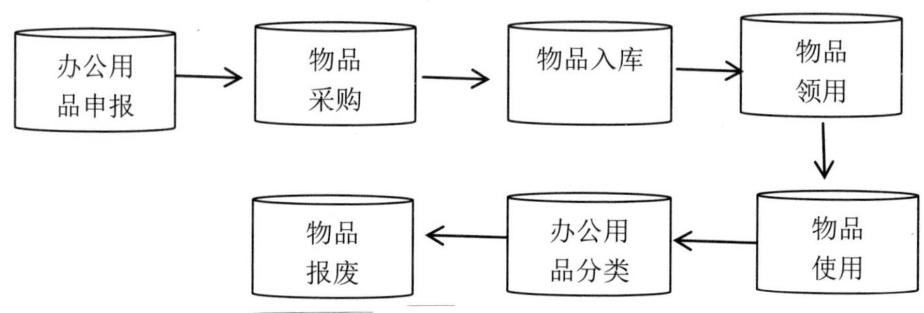

图 4-5　企业办公用品管理内容和要求

1. 办公用品申报

办公用品的申报，可以按照下面的要求进行：

（1）每季度申报一次。各科室（部）应由专人负责填写《物资请购单》，并经科室（部）负责人审定同意后交秘书科（综合协调部）统一汇总，报主任、董事长审批后，实施采购任务。

（2）各科室（部）若需采购临时急需的办公用品，要由科室（部）专人填写《物资请购单》，并在备注栏内注明急需采购的原因，经过科室负责人审定同意后，再交给秘书科（综合协调部）呈主任（董事长）审批同意后，实施采购任务。

2. 物品采购

物品的采购，要按照下面几项内容实施：

（1）采购人员应当严格遵守职业道德，及时了解市场商品信息，选择对口适用、质量可靠、价格合理的办公用品。

（2）采购物品之前，由相关负责人签字后，方可实施采购任务。

3. 物品入库

办公用品在入库之前，管理人员应当认真检查验收，建账登记，妥善保管，做到账物相符；对于不符合要求的，要由采购人员办理调换或退货手续。

4. 物品领用

（1）办公用品用具领用一定要认真履行手续，认真填写《办公用品领用单》后，方可领用和发放，严禁先借后领。

（2）各科室（部）应按规定的办公用品费用定额标准严格把好申购和领用关。保管人不能超标发放办公用品，确因工作需要超标领用的，应当经过科室（部）负责人同意。

5. 物品使用

（1）严禁员工将办公用品带出单位挪作私用。员工离职时，要将所领物品一并退回，消耗品除外。

（2）应该本着节约原则使用办公用品。

（3）办公用品若被人为损坏，应当由责任人照价赔偿。

6. 办公用品分类

办公用品主要有：

分类	说明
消耗品	包括信封、信纸、笔、稿纸、便签、笔记本、电池、抽杆夹、文件夹、档案盒、资料册、订书器、装订机、装订针、回形针、图钉、大头针、卷笔刀、橡皮擦、印泥、印油、长尾票夹、票夹、挂钩、文具盒、尺、胶带、笔筒、白板笔、固体胶等
办公耗材品	包括墨盒、硒鼓、碳粉、磁盘、U 盘、软盘、刻录盘、复印纸、打印纸、光驱、内存条、耳麦、硬盘、色带、插座、UPS 电源、报架、鼠标、油墨、鼠标垫等
保洁用品	包括拖把、水桶、洗拖把清洁桶、卷筒纸、扫把、烟灰缸等

7. 物品报废

非消耗性办公用品因为使用的时间太长需要报废注销时，使用人应当提出办公用品报废申请，由相关人员负责审核并报相关领导同意后，再由相关人员办理报废注销手续。

附表：

年度办公用品管理计划

<table>
<tr><td rowspan="2">办公用品管理存在的问题</td><td>1. 员工浪费严重（ ）</td><td rowspan="2">备注：
分析后，如果企业确实存在其中的某类问题，就在其后面的括号里打“√”，以便改进</td></tr>
<tr><td>2. 申请与使用不符（ ）</td></tr>
<tr><td rowspan="7">办公用品管理内容与要求</td><td colspan="2">1. 办公用品申报</td></tr>
<tr><td colspan="2">2. 物品采购</td></tr>
<tr><td colspan="2">3. 物品入库</td></tr>
<tr><td colspan="2">4. 物品领用</td></tr>
<tr><td colspan="2">5. 物品使用</td></tr>
<tr><td colspan="2">6. 办公用品分类</td></tr>
<tr><td colspan="2">7. 物品报废</td></tr>
</table>

4.4 年度行政人事管理计划

行政人事管理是公司运行发展的重要组成部分。

行政人事工作主导着公司的企业文化和工作氛围，以及工作态度的走向。人事管理的目的主要有两方面：一是降低企业运营的风险，二是减少企业对别人的依赖。人事行政管理是公司内各部门的纽带，也是公司内各部门良好运行的润滑剂。

行政人事管理是企业日常运营管理的重要内容之一，涉及内容多、种类杂，若想做好行政人事管理工作，需要相关制度、表格等工具辅助实施，这样才能保证行政人事管理正常开展。

4.4.1 行政事务管理

行政事务管理，可以按照下面的规定来进行：

1. 负责本部的行政管理和日常事务，帮总经理搞好各部门之间的综合协调。

2. 落实公司规章制度。

3. 加强对每项工作的督促和检查，沟通内外联系，保证上情下达和下情上报。

4. 对会议文件决定的事项进行催办、查办和落实，加强对外界的联络，拓展公关业务。

5. 负责整个公司组织系统和工作职责的研讨和修订，做好公司车辆管理。

6. 节约公司成本。

4.4.2 人事招聘管理

人事招聘的年度管理计划，主要包括以下几项内容（图 4-6）：

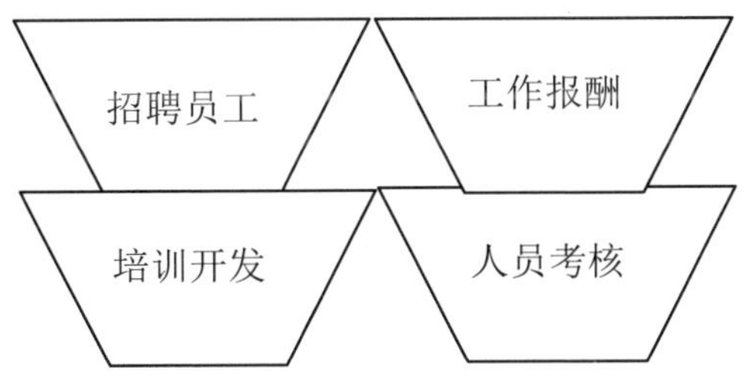

图 4-6　人事招聘主要内容

1. 招聘员工

为了做好人员招聘工作，需要做好以下几项工作：提供工作分析的相关资料，让部门内人力资源计划和组织战略协调一致；对申请人进行面试，作为最终录用和委派决定；对提升、调迁、奖惩和辞退做出决定；认真编写职务分析和工作分析，制订人力资源计划；让企业内部“人事相宜”，采用科学的方式，按照工作岗位要求，把员工安排到合适的岗位，实现人力资源合理配制。

2. 工作报酬

要制订合理的薪酬福利制度，按劳付酬，论功行赏，通过报酬、保险和福利等手段对员工的工作给予肯定和保障。

3. 培训开发

市场的竞争说到底都是人才的竞争。产品质量的好坏，也是企业所有岗位技能的集中体现，因此应当将全员培训作为企业立业的根本，追求全员卓越、以人为本。

4. 人员考核

主要工作有工作考核，进行满意度调查，研究工作绩效考核系统和满意度评价系统，制定纪律奖惩制度，用工作职责制定绩效考核标准；通过这些活动，公平地决定员工的地位和待遇，促进人力资源开发和合理利用，提高和维持企业的经营效率。

附表：

年度行政人事管理计划

行政事务管理内容	1. 负责本部的行政管理和日常事务，帮总经理搞好各部门之间的综合协调
	2. 落实公司规章制度
	3. 加强对每项工作的督促和检查，沟通内外联系，保证上情下达和下情上报
	4. 对会议文件决定的事项进行催办、查办和落实，加强对外界的联络，拓展公关业务
	5. 负责整个公司组织系统和工作职责的研讨和修订，做好公司车辆管理
	6. 节约公司成本

人事招聘管理	1. 招聘员工
	2. 工作报酬
	3. 培训开发
	4. 人员考核

4.5 年度车辆管理计划

车辆管理，也是行政部门的一项重要工作，因此也需要制订年度管理计划。

车辆管理对于企业来说，应该包括车辆档案管理、驾驶员档案管理、行车安全管理、车辆定位管理、用车记录管理、加油管理、维修管理和费用管理等几个方面，目的就在于增加车辆安全行驶，提高车辆使用效率。

4.5.1 加强车辆管理的措施

制定好车辆管理措施，也是制订年度车辆管理计划的一项重要内容，因此一定要重视。具体来说，加强车辆管理可以采用下面一些方法：

措施	说明
抓实驾驶员安全学习培训	只有不断提高驾驶员的安全责任和操作技能水平，才可以做好车辆的安全管理工作，因此一定要重视驾驶员的安全学习培训
抓牢检查监督环节	车辆派出后就脱离了管理的视线，这是当前车辆安全管理工作的一个薄弱环节，因此各类事故高发。所以，一定要抓住检查监督环节
抓牢维修保养环节	为了将汽车保持在正常的技术状态下，一定要做好车辆的日常维护。行车的安全性和日常的维护保养有很大的直接关系，所以一定要充分发挥信息化管理系统的作用，研究开发出一套维修保养的管理系统

抓牢车辆派遣环节	目前，对车辆的安全管理工作造成影响的还有派车审批不落实和随意出车等问题。所以，为了减少隐患，一定要从源头做好预防工作，借助信息化手段加强管理，紧紧抓牢派车这个环节
主要责任问题	针对责任不清的问题，要做好挂靠车辆的清理

4.5.2 车辆管理的内容

之所以要制订单位车辆管理计划，是为了加强单位车辆的管理。要本着“方便管理、节约开支、提高效率、优质服务”的原则，制订车辆管理计划。一般情况下，完整的车辆年度管理计划，应该包括这样几个方面（图 4-7）：

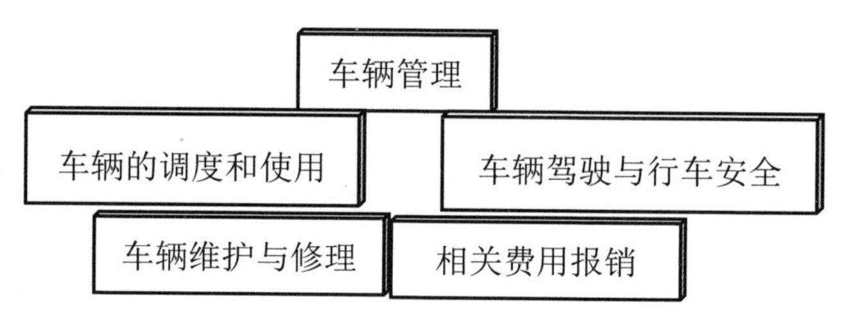

图 4-7　车辆管理主要内容

1. 车辆管理

关于车辆的管理，要明确以下几个方面：

（1）车辆有关证照和有关手续，交给办公室人员妥善保管。

（2）车辆严格实行下班入库制。

（3）车辆由专车专人驾驶，严禁将车辆私自交给别人驾驶，更不能将车辆交给其他无证人员驾驶；所有人都不能用单位车辆去练习驾车；不准跑私车。

（4）车辆加油，需要财务负责登记，领导签字；驾驶员各月都要准确上报车辆的耗油和公里数，由财务人员进行审核公布。

2. 车辆的调度和使用

车辆的调度和使用，要明确这样几点：

(1) 车辆调度实行原则为先领导后一般，先急后缓，先远后近，先乡镇后城市，先会议后出差，先保证工作后私人用车。

(2) 办公用车实行派车制度。

(3) 用车实行出车登记制，由驾驶员登记，标注好出车途经地、目的地、出车时间等，并且请用车人签字确认。

(4) 设立车辆调派运行公示栏，公布每天车辆运行安排情况，接受监督。

(5) 办公室工作人员如需用车，需要提前一日向领导提出申请，经领导同意后，再由领导负责安排。

(6) 车辆出车返回后，驾驶员应当及时向办公室报告，方便车辆调度。

(7) 单位领导和工作人员，都要自觉按制度办事，尊重驾驶员的劳动。

3. 车辆驾驶与行车安全

对于车辆的驾驶和行车安全，要明确这样几点：

(1) 驾驶员要严格遵守上下班时间，随时待命，听从企业的统一安排。

(2) 驾驶员不出车，应按照作息时间在办公室待命，不能随意串岗、外出。

(3) 为了保证行车安全，驾驶员一定要认真钻研业务，定期参加交警队组织安排的安全学习和检查，严格遵守道路交通、安全法规，服从交警指挥，严格禁止酒后开车，不超速行驶。

(4) 对于车辆，驾驶员要勤检查，勤保养，勤擦洗，使车辆始终处于最佳运行状态。

(5) 公车执行公务发生交通事故，或者因为违章造成事故，应当负全部责任或者主要责任的，除了保险公司赔偿款项外，驾驶者要承担其他费用，并做书面检查。

4. 车辆维护与修理

车辆的维护和修理，要坚持这样几点：

（1）坚持预防为主的原则，及时发现问题，反应敏捷，处理及时。

（2）加强对车辆的管理，按时进行年度审验，及时办理保险等相关手续，定期进行保养检查、油料使用情况检查，控制支出，节约开支。

（3）车辆需要维修时，驾驶员应先征得车管人员和领导同意，然后到定点厂家维修，并将维修费用票据带回，按照财务制度的有关规定及时履行报销手续。

（4）司机应该建立车辆维修保养台账，按照里程或者时间及时提出保养和修理建议。

5. 相关费用报销

相关费用的报销可以这样做：车辆的保险费、养路费、油费、路桥费、泊车费和因公使用的费用，统一由财务人员审核领导签字后，才能够报销；维修费用的报销，需附维修申请单和维修收费清单，经领导审核批准后报销。

附表：

年度车辆管理计划

加强车辆管理的基本措施	1. 抓实驾驶员安全学习培训
	2. 抓牢检查监督环节
	3. 抓牢维修保养环节
	4. 抓牢车辆派遣环节
	5. 主要责任问题
车辆管理内容	1. 车辆管理
	2. 车辆的调度和使用
	3. 车辆驾驶与行车安全
	4. 车辆维护与修理
	5. 相关费用报销

4.6 年度后勤管理计划

后勤部是综合管理部门，其服务面大、范围广，内外关系也很多，涉及公司人员所需要的各方面，比如物资、设备、基建、房屋、交通、卫生、绿化、环保、水、电、户籍等。

公司后勤管理工作在公司管理和发展中具有基础性、保障性的重要作用。所谓基础性，是说后勤管理的对象以不动产为主，没有这些基本的物质条件，企业就没有办法正常生产。只有做好公司的后勤工作，才可以把公司厂房、宿舍等管理得有序、整洁、美观，才能让全体员工心情舒畅、工作愉快。

4.6.1 公司后勤管理存在的问题

就当下而言，企业在后勤管理中依然存在不少问题，具体表现在两个方面（图 4-8）：

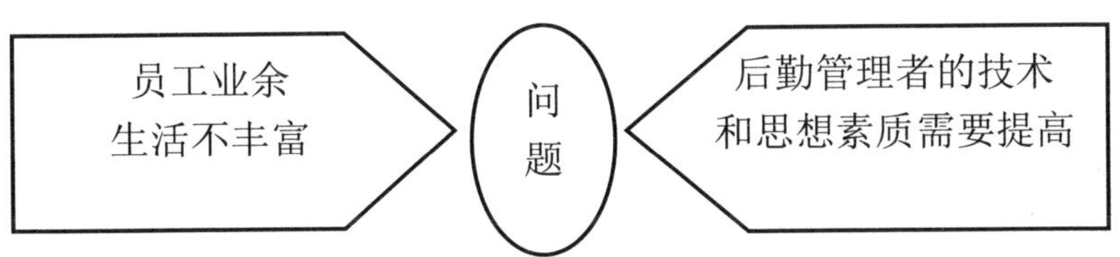

图 4-8　后勤管理中存在的问题

1. 员工业余生活不丰富

主要体现在：

(1) 丰富员工生活的文化设备较少。

电视、电脑、书籍是进行文化活动的基本设备。很多员工因为远离家庭，暂住的地方文化活动设备很少。再加上有些企业不重视文化活动，员工的生活自然就不丰富了。

（2）员工活动范围较小、内容单一

员工的社会活动面都很小，多数人活动在公司和住处两点一线间。他们的社会接触面相对比较小，活动对象只有家里人、亲戚或乡亲，活动范围受到了很大影响。工地员工的生活特别单调，普遍缺少乐趣；很多员工在业余时间看电视、聊天，或者打牌、搓麻将、看书、上网等。

2. 后勤管理者的技术和思想素质需要提高

后勤系统具有劳动密集型和技术密集型协调高效运作的特性，需要具有相应技术和管理能力的人才去支撑。后勤工作涉及广大员工，后勤工作人员要发挥高度的主观能动性，积极、主动、热情、周到地做好服务工作。要牢固树立为公司服务的思想，提高后勤服务的综合水平和能力，进一步优化后勤服务环境，提高服务质量，提高工作效率，提高管理水平，为公司的持续发展营造一个良好的环境。

4.6.2 年度后勤管理措施

后勤管理是企业发展的重中之重，一定要做好。关于这方面的规划，可以从下面几方面做起（图 4-9）：

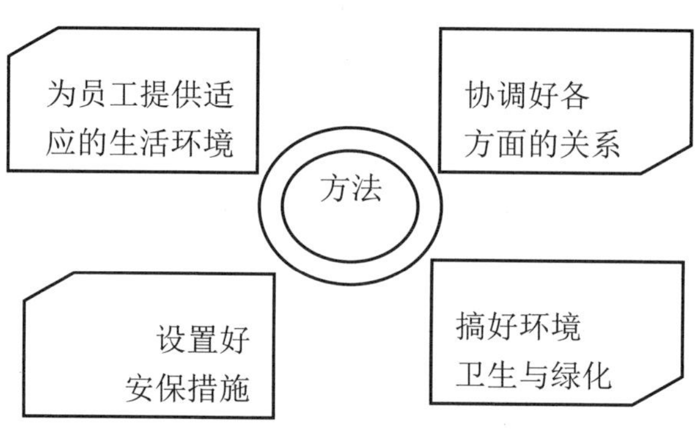

图 4-9　后勤管理措施

1. 为员工提供适应的生活环境

为了维护员工的生活环境，可以采用以下措施：

（1）员工宿舍进行卫生检查、评比，评出卫生个人、卫生宿舍，对违纪行为照章处罚。

（2）在公司经济能力允许的前提下，增加硬件设施，比如增加员工阅览室。

（3）餐厅要了解员工饮食喜好，菜品尽量多样化，保证饭菜的质量；每周都要公布一次菜品菜单，让员工吃上实惠满意的饭菜。

2. 协调好各方面的关系

（1）对外：学习行业先进经验，了解职能部门相关信息，比如消防、工商、税务等，保证公司的正常运营。

（2）对内：部门定期沟通，召开协调沟通会议，换位思考，消除隔阂，团结协作。

3. 搞好环境卫生与绿化

（1）卫生：实行责任制、日检制，卫生不过关督促整改，保证环境整洁。

（2）绿化：办公区域的绿色植物，要摆放整齐，及时更换；每周定期维护，保证办公环境的清新自然。

4. 设置好安保措施

安全保卫工作是行政后勤管理工作的重点，如果要强化内部管理，就要定期检查监控设备是不是正常；同时，还要加强员工的安全教育工作，让员工每天下班时关闭电源、关闭门窗、锁好公司大门，做好防火防盗等工作，保证公司财产安全。

附表：

年度后勤管理计划表

<table>
<tr><td rowspan="3">后勤管理中的问题</td><td rowspan="2">1. 员工业余生活不丰富</td><td>1. 丰富员工生活的文化设备较少（ ）</td><td rowspan="3">备注：
分析后，如果企业确实存在其中的某类问题，就在其后面的括号里打“✓”，以便改进</td></tr>
<tr><td>2. 员工活动范围较小、内容单一（ ）</td></tr>
<tr><td colspan="2">2. 后勤管理者的技术和思想素质需要提高（ ）</td></tr>
<tr><td rowspan="4">年度后勤管理措施</td><td colspan="3">1. 为员工提供适应的生活环境</td></tr>
<tr><td colspan="3">2. 协调好各方面的关系</td></tr>
<tr><td colspan="3">3. 搞好环境卫生与绿化</td></tr>
<tr><td colspan="3">4. 设置好安保措施</td></tr>
</table>

第5章 人力资源部年度计划的制订

5.1 年度招聘管理计划

招聘是人力资源部的一项重要工作。为了企业的发展需要，根据人力资源规划和工作分析的需求，人力资源部要寻找、吸引那些有能力且有兴趣到企业任职的人员。招聘管理是企业人力资源管理的重要组成部分，其活动主要由招募、选拔和甄选等活动组成。在制订人力资源部门年度计划的时候，首先要做的是年度招聘计划的制订。

5.1.1 招聘原则

企业之所以要进行招聘活动，是为了给企业寻找优秀的合适人才，因此人力资源部要在遵循一定原则的基础上，进行一系列招聘活动，以此来满足企业的运行要求（图 5-1）。

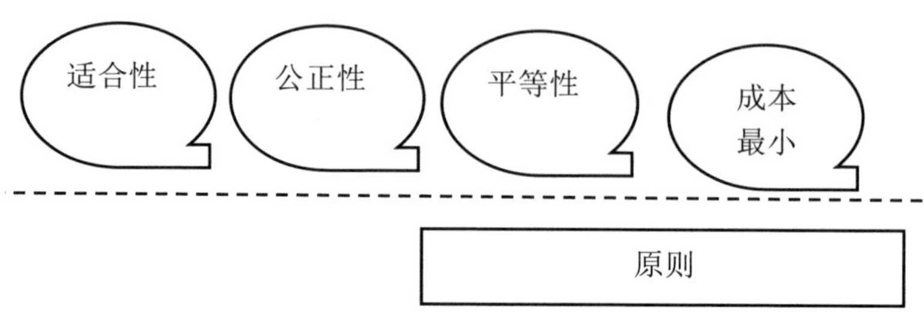

图 5-1　招聘管理的原则

1. 适合性原则

在人才招聘过程中，很多人力资源部门都会觉得，优秀应聘者是企业最应当纳入的人才，可是事实却并不是这样！最优秀的人员，有些时候并不适合自己，反而会给企业带来负面作用。所以，在招聘时，首先要遵守适合性的原则，要让员工的整体才能和工作能力、工作岗位的整体需求相匹配，新人的价值观要和企业的文化取向相同。

2. 公正性原则

招聘管理，要坚持公正性原则。在选择优秀人才的时候，一定要为应聘人员创造一个公平公正的竞争环境，吸引更多的优秀人才来应聘，这也是企业能够招聘到合适员工的首要保证。

3. 平等性原则

员工的民族、性别和宗教信仰、种族等是不同的，要给他们提供同样的竞争机会和平等的就业机会。

4. 成本最小原则

招聘管理对于人力资源管理非常重要，招聘效率高，自然可以保证企业利益的实现。因此，一定要在最短的时间里、花费最少的资金和时间，选择出最为合适的员工。

5.1.2 做好招聘计划方案

如果想让招聘计划更加客观可行，得到老板的批准，万万不能单纯地强调工作量，一定要考虑到现在具有的任职能力，招聘计划最好和培养计划同时制订，一同提交。

方案	说明
明确制订招聘的意义	招聘计划是人力资源规划的重要组成部分，主要功能是通过定期或者不定期的招聘录用优秀人才，组织人力资源系统的新生力量，实现企业内部人力资源的合理配置，为企业扩大生产规模和调整生产结构提供人力资源
招聘计划必须全面	不但要有人员需求清单，还要包括招聘的职务名称、人数、任职资格要求等，以及明确招聘信息发布的时间和渠道。整个年度招聘计划完成后，要合并到人力资源部的年度工作计划中，一同上报总经办讨论审议

5.1.3 熟悉招聘流程

人力资源部在进行招聘管理时，首先要熟悉管理流程。

人员的招聘要经过这样一个流程：

1. 人力资源部做好招聘需求分析，各职能部门提出人员需求。
2. 人力资源部确定招聘需求，其他各部门配合做好相关工作。
3. 人力资源部确定好招聘方式和渠道，其他部门做好配合。
4. 人力资源部确定招聘时间，成立招聘小组，其他各部门积极参与。
5. 人力资源部编写招聘计划，组织招聘，找到合适的人才。

附表：

年度员工招聘管理计划

招聘原则	1. 适合性
	2. 公正性
	3. 平等性
	4. 成本最小

招聘计划方案	1. 明确制订招聘计划的意义
	2. 招聘计划必须全面
招聘流程	1. 做好招聘需求分析
	2. 确定招聘需求
	3. 确定招聘方式和渠道
	4. 确定招聘时间，成立招聘小组
	5. 编写招聘计划，组织招聘

5.2 年度员工培训计划

所谓企业培训指的是从企业的战略角度出发，在全面分析培训需要的基础上，做出培训的时间和地点、培训对象、培训方式及培训课程等系统安排。

对于企业来说，员工培训意义重大。培训计划是整个培训活动的开端，其制订的合理性、科学性对于培训活动的成功具有非常重要的影响。

5.2.1 企业员工培训中存在的问题

在制订年度员工培训计划的时候，首先要搞清楚在以往的培训工作中都出现过哪些问题？如下表所示：

问题	说明
人力资源部和员工不重视	大部分人力资源部对员工的培训重视程度不够。很多管理者认为，一旦员工接受培训，定然会耽误工作，因此很多企业都不会过多地安排员工培训
未树立正确的员工培训观	对于员工培训，人力资源部在思想观念上认识不清，认识不到位，没有树立正确的员工培训观

缺少员工培训的需求分析	员工培训需求分析是培训中一个关键环节。可是，众多企业特别是小企业还没有意识到它的重要性，只能生搬硬套一些成功企业的员工培训方法，结果企业耗费了人力、财力、物力，可还是落得员工不满意，培训效果无法实现
培训的师资力量不健全	众多人力资源部缺乏专业的培训师队伍，无法进行内部员工培训，只能承包给专门的培训机构或者咨询公司。需要对员工培训时，只能临时抱佛脚，寻找外援
考核只拘泥于形式	有些企业的人力资源部虽然注重培训后的考核反馈，可是大多数都流于形式，都是为了培训而培训，有着较强的突发性和随意性，没有建立完善的培训效果评估体系

5.2.2 制订年度员工培训计划的步骤

年度员工培训计划的制订都是以工作内容为主轴进行，年度员工培训需要经过四个步骤（图 5-2）：

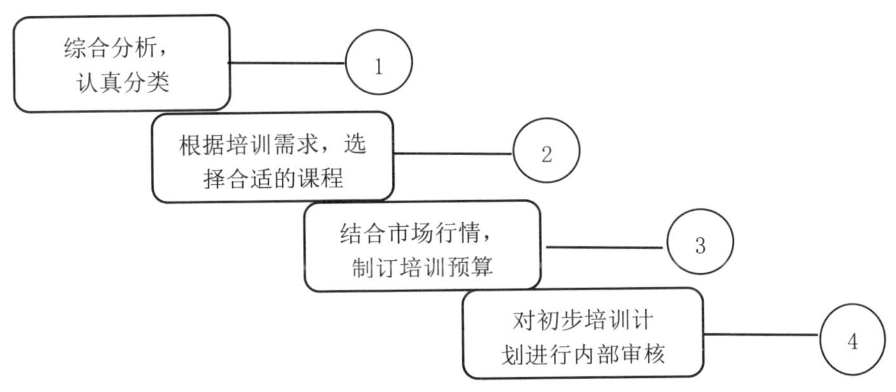

图 5-2　员工培训的步骤

1. 综合分析，认真分类

各部门把培训需求报上来后，人力资源部要综合分析；之后，再结合公司的年度目标任务，与培训需求进行对比，找出契合部分，汇总整理，形成培训需求汇总表。这时候，负责培训的人员要选定分类标准，将培训需求分好类别，确定培训课题。

分类时，要按照培训内容进行划分，如财务类、人力资源管理类、营销类、执行类、管理类、战略类等。还可以按照培训对象分，如新员工岗前培训、普通员工培训、中层管理人员培训、高级管理人员培训等。

2. 根据培训需求，选择合适的课程

在设计培训课程时，要注意课程的先后逻辑关系，做到循序渐进、有条不紊。在培训方式的选定上，也要依据参训人员的不同，选择最为合适的方式。比如中层管理人员的培训，重点在于管理者能力的开发，要激发经理级员工的个人潜能，增加团队活力、凝聚力和创造力，让他们加深对现代企业经营管理的理解，提高计划、执行能力。

3. 结合市场行情，制订培训预算

培训预算要经过相应领导批示，在制订培训预算时要考虑很多因素，比如公司业绩发展情况，上个年度培训总费用、人均培训费用等。以此为基础，根据培训工作的进展情况，有比例地加大或缩减培训预算。

一般培训费用包括讲师费、教材费、差旅费、场地费、器材费、茶水餐饮费等。得到准确预算后，可以在总数的基础上上浮 10%~20%，留一些弹性空间。

4. 对初步培训计划进行内部审核

人力资源部负责人和主管要一起分析、讨论这一年度培训计划的可执行性，找到存在的问题，进行改善，制订最后的版本，提交给总经理或董事会进行审批。公司最高领导者会从公司长远发展的角度出发，制订员工培训规划，并写到公司的年度计划中。

附表：

年度员工培训计划

<table>
<tr><td rowspan="5">员工培训中存在的问题</td><td>1. 人力资源部和员工不重视（）</td><td rowspan="5">备注：
分析后，如果企业确实存在其中的某类问题，就在其后面的括号里打“✓”，以便改进</td></tr>
<tr><td>2. 未树立正确的员工培训观（）</td></tr>
<tr><td>3. 缺少员工培训的需求分析（）</td></tr>
<tr><td>4. 培训的师资力量不健全（）</td></tr>
<tr><td>5. 考核只拘泥于形式（）</td></tr>
<tr><td rowspan="4">制订年度培训计划的步骤</td><td colspan="2">1. 综合分析，认真分类</td></tr>
<tr><td colspan="2">2. 根据培训需求，选择合适的课程</td></tr>
<tr><td colspan="2">3. 结合市场行情，制订培训预算</td></tr>
<tr><td colspan="2">4. 对初步培训计划进行内部审核</td></tr>
</table>

5.3 年度薪酬管理计划

企业的薪酬管理是管理者对员工报酬的支付标准、发放水平、要素结构进行确定、分配和调整的过程。在这个过程中，需要就薪酬水平、薪酬体系、薪酬结构、薪酬形势和特殊员工群体的薪酬做出决策。

5.3.1 薪酬管理的现状

现行的体制下，薪酬管理方面所存在的现状如下（图 5-3）：

1. 工资体系不规范、不全面

目前，中国企业的工资体系不规范、不全面，企业没有形成科学合理的薪酬管理制度。员工的工资标准是约定俗成或者由企业领导随意确定，模糊不清。

2. 奖金分配制度不合理

众多企业采用的是低固定工资、高浮动奖金的薪酬模式，奖金是个人

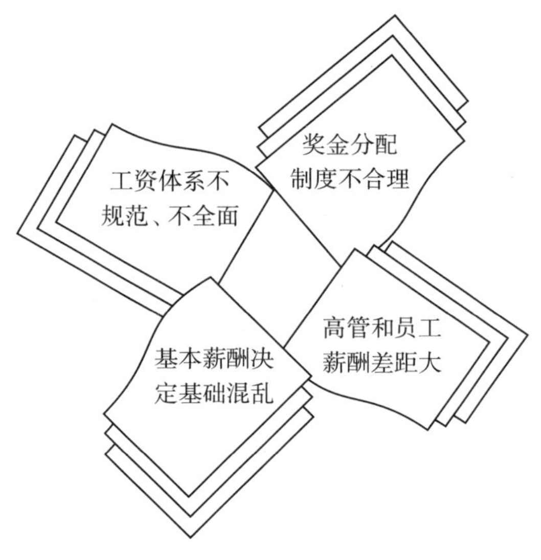

图 5-3　薪酬管理现状

收入的主要来源。可是，奖金的发放依据是个人所完成的绩效。这样的模式下，工作岗位不相同，员工的价值无法得到正确体现。

3. 高管和员工薪酬差距大

企业在薪酬管理方面存在的另外一个问题是：高层管理人员的薪酬待遇和普通员工之间差距比较大，且这个差距还呈现出越来越大的趋势。

4. 基本薪酬决定基础混乱

在很多企业的工资表上，都可以看到多达五六项、七八项乃至十几项的工资构成，看上去非常复杂。

5.3.2 制订具体薪酬实施计划

薪酬制度同样是企业文化的一种载体，体现了企业怎样定位自己的员工、企业的经营理念。因此，应该采用合理的方式制订具体薪酬实施计划。

1. 结合公司现状，再决定薪酬策略

薪酬策略的制订，其实也是薪酬结构的选择，跟企业发展战略的关系密切。薪酬结构的类型有很多，从性质上划分可分为三类：

类别	说明
高弹性类	在不同时期，员工个人的薪酬起伏比较大，绩效薪酬和奖金占比较大
高稳定类	员工的薪酬和实际绩效的关系并不大，主要取决于年底和企业的整体经营状况；员工的薪酬相对稳定，给人安全感。在这类薪酬中，基本薪酬所占比重非常大，奖金要根据公司的整体经营状况按照个人基本薪酬的一定比例发放
折中类	这类薪酬类型，不但有高弹性成分，可以激励员工提高绩效，还包含有一定的高稳定成分，可以促使员工将自己的注意力集中在长远目标

为了更好地激励管理人员和一线作业人员，要将短期激励和长期激励结合起来，在薪酬结构中，除了明确固定薪酬部分和效益薪酬、业绩薪酬、奖金等短期激励薪酬部分外，还包括股票期权、员工持股计划等长期激励薪酬部分。

2. 根据薪酬策略进行岗位评价和分类

依据确定下来的薪酬策略，就可以对具体岗位设置不同的薪酬结构了（图 5-4）。设置不同的薪酬结构既要有稳定部分，又要有弹性成分，比如主管考核工资、公司的业绩成长奖金等。

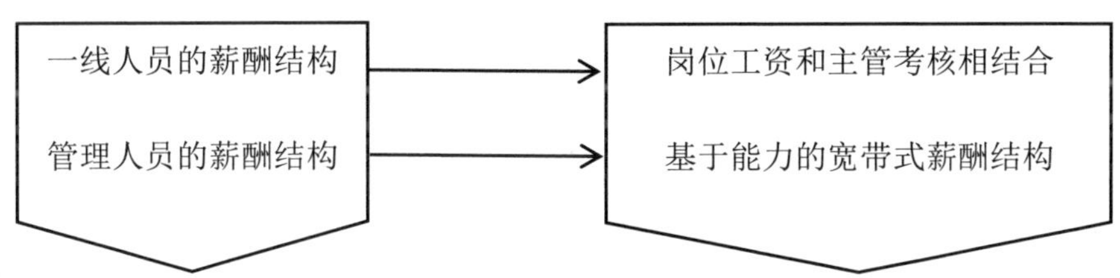

图 5-4　具体岗位设置不同的薪酬结构

(1) 一线人员的薪酬结构——岗位工资和主管考核相结合

根据公司的总体薪酬策略，对于一线人员，可以实行岗位工资制度。

一线人员的薪酬结构应当由两大部分构成，岗位工资 + 主管考核。即一线人员工资不再是单纯地和岗位挂钩，也要跟员工的工作态度、客户满意度和客户投诉率等建立联系。

（2）管理人员的薪酬结构——基于能力的宽带式薪酬结构

所谓宽带式薪酬结构，是指用几个跨度比较大的工资范围代替原来数量比较多的工资级别的跨度范围，这样的工资结构，取消了原来垂直型工资结构带来的各层级间明显的等级差别，有利于提高效率，有利于创造参与型、学习型的企业文化，有助于企业保持组织结构的灵活性，有利于企业适应外部环境，有利于提高员工满意度和绩效。

方法	说明
确认公司当前的现状	随着企业的发展，强调团队合作比个人贡献更加重要。要想用较少的薪资范围跨度、很大的工资类别代替之前较多的薪资级别，就要采用宽带薪酬模式，减少工作之间的等级差别
确定宽带的数量和涵盖范围	根据管理人员的技能、能力的不同，可以设计出三个宽带：事务类、管理类、高级管理类。各宽带中，又包含了财务、人事、行政、基层管理人员等工作
确定宽带薪酬的浮动范围	公司可以依据之前薪酬调查的数据和职位评价的结果，确定所有宽带的浮动范围和级差；同时，在所有的工资宽带中，各职能部门要根据市场薪酬情况和职位评价结果，确定不同的薪酬等级和水平
管理人员工资的定位	管理人员工资的定位是指将其放进工资宽带中特定位置的工作。在遵循公平原则的前提下，要以管理人员的能力评价体系和绩效考核体系为依据，准确定位其工资

附表：

年度薪酬管理计划

<table>
<tr><td rowspan="4">薪酬管理现状</td><td>1. 工资体系不规范、不全面（ ）</td><td rowspan="4">备注：
分析后，如果企业确实存在其中的某类问题，就在其后面的括号里打“√”，以便改进</td></tr>
<tr><td>2. 奖金分配制度不合理（ ）</td></tr>
<tr><td>3. 高管和员工薪酬差距大（ ）</td></tr>
<tr><td>4. 基本薪酬决定基础混乱（ ）</td></tr>
</table>

<table>
<tr><td rowspan="5">加强薪酬管理计划的措施</td><td rowspan="3">结合公司现状确定薪酬策略</td><td>1. 高弹性类</td></tr>
<tr><td>2. 高稳定类</td></tr>
<tr><td>3. 折中类</td></tr>
<tr><td rowspan="2">根据薪酬策略进行岗位评价与分类</td><td>1. 一线人员的薪酬结构：岗位工资和主管考核相结合</td></tr>
<tr><td>2. 管理人员的薪酬结构：基于能力的宽带式薪酬结构</td></tr>
</table>

5.4 年度绩效考核计划

人力资源管理的核心工作是绩效管理！

5.4.1 绩效管理考核中存在的主要问题

目前，在绩效管理考核中存在这样一些问题（图 5-5）：

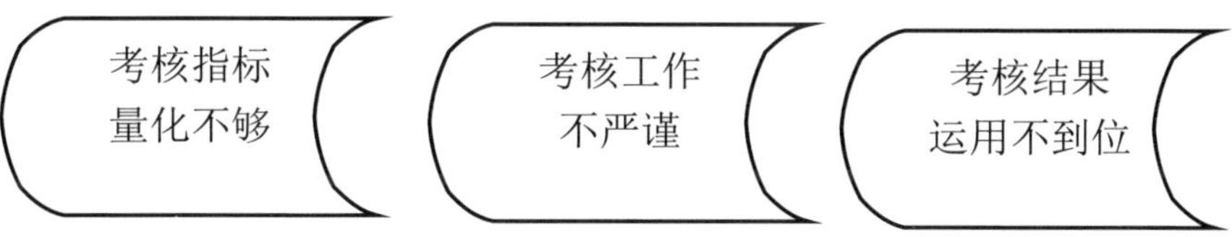

图 5-5　绩效管理考核存在的问题

1. 考核指标量化不够

在工作目标的数量、质量、标准等要求上，有些环节不明确、不统一；有些岗位职责不明确，工作目标没有分解到岗、细化到人，存在苦乐不均的现象。

2. 考核工作不严谨

一些考核部门“怕”字当前，害怕伤了同事的和气，害怕影响同级之间的关系，绩效没有按照考核细则执行，某种程度上影响了考核质量。

3. 考核结果运用不到位

突出表现为仅发挥了经济奖罚作用，没有和待遇挂钩；没有建立起一种激励制约的监督机制，存在责、权、利等脱节问题，奖励的激励作用不明显，处罚的惩戒效果体现得不充分，难以在管理中形成足够的威慑力。

5.4.2 绩效管理的组成

所谓绩效管理指的是对公司的资源进行规划、组织和使用，达到某个目标并实现客户期望。其以目标为导向，把企业要达到的战略目标层层分解，通过对员工工作表现和工作业绩的考核和分析，通过有效的薪酬激励机制，改善员工的行为，充分发挥员工的潜能和积极性，更好地实现企业的各项工作目标。

一般情况下，绩效管理由下面五个部分组成：

1. 绩效计划。

2 持续不断地沟通。

3. 收集信息，做文档记录。

4 年终绩效评估。

5. 绩效的诊断和提高。

5.4.3 制订员工绩效计划的步骤

如何制订员工绩效计划呢？通常要经过以下几个步骤（图 5-6）：

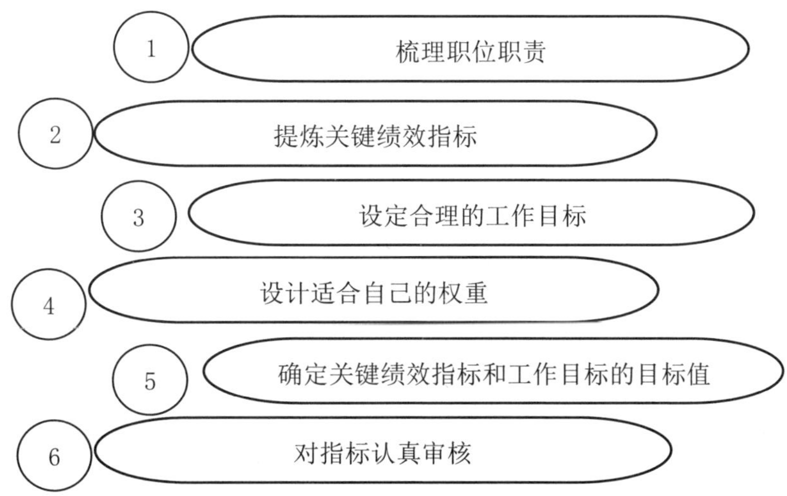

图 5-6　制订员工绩效计划的步骤

1. 梳理职位职责

对职位的梳理，主要包括这样一些内容：理顺职位的主要职责，对职位的关键工作内容和应当完成的主要工作成果，设定关键绩效指标；职位职责界定后，从职责中提炼出关键绩效指标。

2. 提炼关键绩效指标

主要工作有：根据公司的战略和业务计划、流程、部门职责、职位工作职责等要求，为被评估者制订可衡量的、可以量化的、具有代表性的关键绩效指标；各级经理依据直接下级的关键职责，结合本部门和下级的关键工作职责，跟下属沟通确定关键绩效指标。

3. 设定合理的工作目标

不同职位的工作性质，有着明显差异，而且不是所有职位都能用量化绩效指标进行衡量，比如职能支持部门、基层员工等。可以将具有长期性、过程性、辅助性的关键工作纳入工作目标设定评估中，作为关键绩效指标的重要补充和完善。

4. 设计适合自己的权重

权重是绩效指标体系的重要组成部分，通过对被评估者职位性质、工作特点和业务控制等因素的分析，确定关键绩效指标、工作目标设定和每项指标在整个指标体系中的重要程度，赋予相应的权重。

5. 确定关键绩效指标和工作目标的目标值

在绩效计划中，指标值是用来衡量被评估者工作是不是达到公司期望的参照标准，是保证战略绩效管理体系公平客观性的关键环节。

绩效计划和评估指标值，主要针对绩效计划中考核的所有项目内容而设立，包括关键绩效指标的目标指标、挑战目标等。工作目标完成效果的衡量标准，由评估者和被评估者双方共同商定确立。

6. 对指标认真审核

绩效计划中的指标审核，主要指从横向和纵向两个方面检查指标设计是否具有一致性。从横向上检查相同部门、职位的关键绩效指标、工作目标设定的选择和权重的分配等标准是否统一；从纵向上根据公司战略和业务计划、职位工作职责描述，检查各上级的考核指标是不是在下属中得到了合理承担，能否保证公司整体发展战略目标的实现。

附表：

年度绩效考核管理

<table>
<tr><td rowspan="3">年度绩效考核管理中存在的问题</td><td>1. 考核指标量化不够（ ）</td><td rowspan="3">备注：
分析后，如果企业确实存在其中的某类问题，就在其后面的括号里打“✓”，以便改进</td></tr>
<tr><td>2. 考核工作不严谨（ ）</td></tr>
<tr><td>3. 考核结果运用不到位（ ）</td></tr>
<tr><td rowspan="5">绩效考核的组成</td><td colspan="2">1. 绩效计划</td></tr>
<tr><td colspan="2">2. 持续不断地沟通</td></tr>
<tr><td colspan="2">3. 收集信息，做文档记录</td></tr>
<tr><td colspan="2">4. 年终绩效评估</td></tr>
<tr><td colspan="2">5. 绩效的诊断和提高</td></tr>
</table>

制订员工绩效计划的步骤	1. 梳理职位职责
	2. 提炼关键绩效指标
	3. 设定合理的工作目标
	4. 设计适合自己的权重
	5. 确定关键绩效指标和工作目标的目标值
	6. 对指标认真审核

5.5 年度人事档案管理计划

档案管理是人力资源管理的重要组成部分，是识别人才、选拔人才和合理使用人才的重要依据。在新形势下，档案管理已经从简单的记录发展成了人力资源管理的辅助工具，为人力资源开发提供了有力的保障。

5.5.1 企业人事档案管理中存在的问题

在企业的发展过程中，陈旧的人事档案管理模式显示了众多弊端，主要表现在下面几个方面：

问题	说明
人事档案单一，无法适应员工的多样性	很多企业的人事档案管理工作，采用的依然是单一的人事档案管理模式。人事档案来源仅限于本机构人员，设计面比较窄
人事档案管理体制无法适应灵活的用人机制	加入企业时，员工需要和企业签订用工合同，员工在履行合同内容后，就能够自由流动。可是，用工制度的变化导致员工流动性特别大，当员工想要谋求更好的个人发展出路时，有些企业则会以档案为要挟，因此出现了很多死档、弃档、人档分离和虚假档案
档案管理人员素质不高	很多企业长期对档案管理工作缺少必要的重视，导致在管理工作中缺乏专职档案管理人员，或者档案人员进行频繁地更换，致使工作人员的专业素质比较差

档案利用价值不高	很多企业不重视实体业绩考核工作，不重视人事档案的记录，导致人事档案脱档；再加上人事档案中材料不完善，让企业档案在利用上受到了影响，造成档案利用率比较低

5.5.2 加强人事档案管理的措施

若想实现人力资源的良性发展，提高人力资源管理效率，就一定要正视这些问题，采用有效措施加强对人事档案的管理工作（图 5-7）。

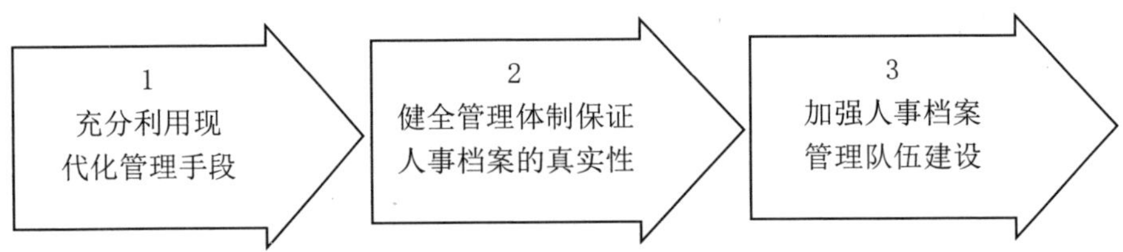

图 5-7　加强人事档案管理的措施

1. 充分利用现代化管理手段

为了提高人事档案管理工作效率，应当充分使用现代化管理技术和管理方法，实现档案管理系统化、程序化和规范化。使用现代管理设备，实现信息化管理，让档案管理数据通过计算机得以记录、存储、查询和分析。

2. 健全管理体制，保证人事档案的真实性

企业应当做好档案管理的收集、整理和鉴别工作，不仅要认识到人事档案管理的重要性，提高人事档案的地位和作用，定期听取人事档案工作汇报、制定严格的材料鉴别和调查制度，保证每份资料的真实性；还要对档案进行分类管理，保证材料齐全、目录的清晰和层次的分明。

3. 加强人事档案管理队伍建设

人事档案管理队伍是企业发展的核心力量，人事档案管理队伍建设也一样有非常重要的作用。高素质的档案管理队伍，不仅是人事档案管理自身有所需，也是企业人事制度改革的重要任务。

附表：

年度人事档案管理计划

<table>
<tr><td rowspan="4">人事档案管理中存在的问题</td><td>1. 人事档案单一，无法适应员工的多样性（ ）</td><td rowspan="4">备注：
分析后，如果企业确实存在其中的某类问题，就在其后面的括号里打“√”，以便改进</td></tr>
<tr><td>2. 人事档案管理体制无法适应灵活的用人机制（ ）</td></tr>
<tr><td>3. 档案管理人员素质不高（ ）</td></tr>
<tr><td>4. 档案利用价值不高（ ）</td></tr>
<tr><td rowspan="3">加强人事档案管理的措施</td><td colspan="2">1. 充分利用现代化管理手段</td></tr>
<tr><td colspan="2">2. 健全管理体制，保证人事档案的真实性</td></tr>
<tr><td colspan="2">3. 加强人事档案管理队伍建设</td></tr>
</table>

第 6 章

财务部年度计划的制订

6.1 财务人员年度管理计划

传统企业的管理往往都比较专注财力、物力，将财务管理放在最重要的位置对于财务管理和业务管理有众多投入。可是，在日趋激烈的市场竞争中，人与人的竞争是企业之间竞争的实质。企业的中心位置是人，所以进行财务人员的管理也很有必要。

6.1.1 目前财务人员管理中的问题

目前，很多企业把更多的精力放在财力和物力上，却忽略了财务人员的管理，出现了很多问题 ：

1. 财务监督职能无法充分发挥

企业财务人员的人事、工资、奖金福利等都是由企业各级别单位管理的，这样就让财务人员履行监督职权受到了影响。

2. 核算不规范，会计信息失实

由于财务人员的利益和所处地位，使得会计核算和会计报告无法真实地反映企业的财务状况和经营业绩。

3. 企业财务人员素质低下

当前，财务人员的学历一般都不是很高，导致会计信息失实，账目非常混乱。

6.1.2 财务人员管理的基本原则

对财务人员进行管理时，要坚持以下几个原则：

原则	说明
统一管理	财务部要对财务人员施行垂直管理，做好各级别的财务人员岗位设定和人员管理
激励制衡	要调动财务人员的潜能和积极性，激励财务人员充分发挥自己的主观能动性；同时，也要加强财务人员的业务管理，促进其提高素质，为企业的运营服务，力争通过绩效考核，达到激励和制衡的平衡
发展性	在促进财务人员专业能力不断提高的同时，要给财务人员提供充分实现自我价值的发展空间
以人为本	要根据每位员工的不同特点，进行个性化、差异化管理
内部牵制	要通过职责分工、业务程序的适当安排，让各项业务活动自动地被其他作业人员查证核对

6.1.3 加强财务人员管理的措施

对财务人员的管理，可以采取下面一些措施：

1. 加强员工培训

对员工进行技能培训可以帮助他们更好地完成本职工作。员工不但要有良好的素质，更要明白上级领导安排的任务和怎样去完成。若不能明白领导的意思，一味依照自己的方式执行，很可能无法取得任何成绩和效果。所以，员工培训特别重要。

2. 招募合适人才

在企业进行人才招募前，一定要清楚招聘职位需要的人才应当有什么能力，即所谓的职位分析。有了职位分析，就能够为职位说明书的编写提供依据。相关的信息应当包含该职位的任务、要找的人才所具备的条件等。

附表：

财务人员年度管理计划

<table>
<tr><td rowspan="3">财务人员管理中存在的问题</td><td>1. 财务监督职能无法充分发挥（ ）</td><td rowspan="3">备注：
分析后，如果企业确实存在其中的某类问题，就在其后面的括号里打“√”，以便改进</td></tr>
<tr><td>2. 核算不规范，会计信息失实（ ）</td></tr>
<tr><td>3. 企业财务人员素质低下（ ）</td></tr>
<tr><td rowspan="5">加强财务人员管理的基本原则</td><td colspan="2">1. 统一管理</td></tr>
<tr><td colspan="2">2. 激励制衡</td></tr>
<tr><td colspan="2">3. 发展性</td></tr>
<tr><td colspan="2">4. 以人为本</td></tr>
<tr><td colspan="2">5. 内部牵制</td></tr>
<tr><td rowspan="2">加强财务人员管理的措施</td><td colspan="2">1. 加强员工培训</td></tr>
<tr><td colspan="2">2. 招募合适人才</td></tr>
</table>

6.2 年度财务预算管理计划

企业管理中重要的组成部分之一是企业财务预算管理。所谓财务预算管理是指在一定的战略目标指导下，对企业的经营活动和投融资活动实施有计划、协调运作的财务管理。

财务预算管理，是企业预算管理的一个分支，也是预算管理的核心部分。财务预算管理明确规定了企业生产经营人员的责任和目标，可以激励调动员工的积极性，减少企业支出，提高企业的运营效率。

6.2.1 明确财务预算中普遍存在的问题

在财务预算中主要存在的问题有（图 6-1）：

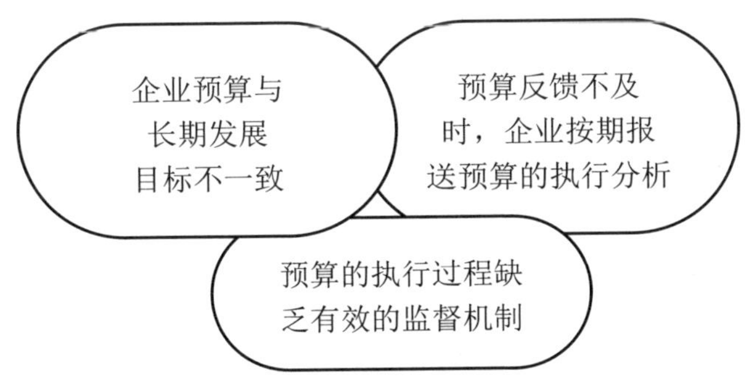

图 6-1　企业财务预算中存在的问题

1. 企业预算与长期发展目标不一致

按照一般规律，预算应当和企业的战略互相结合，企业进行预算的目的是努力实现企业的战略目标。如今，很多企业并没有明确的战略指导，企业预算和企业的长期发展没有一致的目标，造成预算“近视”，严重损害公司的长期利益。

2. 预算反馈不及时

企业在编制预算时不能预测到可能发生的事情，当市场状况发生重大变化或由于其他原因预算无法实现时，如果不能及时做出调整，预算就会脱离实际，变成空洞的过时数字，失去预算应有的作用。

3. 预算的执行过程缺乏有效的监督机制

预算中需要处理的相关支出，应当由企业领导者集体讨论决定怎样去处理。领导一个人说了算，很容易扭曲公司内部的资源配置，使资源流向预算宽裕的部门；同时，不合理的预算指标，会让考核失去客观性和公正性。

6.2.2 完善企业财务预算管理

如何才能完善企业财务预算管理呢？具体方法如下：

1. 建立科学的财务预算考评体系

传统考评体系一般都非常简单，在指标和方法上都无法将相关人员的努力程度反映出来，很容易打击相关人员的积极性，产生负面影响。这样的设置过于狭隘，不仅无法准确地评价企业的经营业绩，还容易迫使执行人行为短期化，让企业的长远发展受阻，因此一定要建立科学的财务预算考评制度。

2. 编制科学的财务预算方案

要严格制订企业的基本支出和项目支出，合理地调整基本支出定额的核定方法，让预算资金的分配更加公正、公平、透明；同时，要增加项目预算编制的计划性和前瞻性，努力将项目预算安排和部门事业发展规划紧密结合起来。

3. 建立科学的考评体系并不断完善

在财务预算期末，应当对各部门预算执行情况进行考核。在确定考核奖惩时，为了避免编制先进预算的部门完不成预算受到惩罚、编制保守预算部门完成预算受到奖励等现象，在考虑实绩和预算的差异方向和大小时，要依据各部门预算的先进性决定奖励方案的系数。

4. 将审计监督贯穿于预算的整个过程

要依据财务预算管理的需要，将审计监督贯穿于预算的整个过程。

（1）要抓好预算编制审计，抓好执行审计；要从预算方面入手，着力于预算支出审计；从预算执行结果出发，着力于预算执行整个过程的审计，逐步健全和完善财务预算管理，促进财务管理的法制化和规范化。

（2）要有明确的目标，促进财务预算合理、准确、规范和有效，促进财务预算的执行和经营目标的实现。尤其是加大支出结构调整的审计，增加预算的透明度和约束力；再通过对材料采购过程的审计，抑制财务资金使用过程中的不合理现象。

附表：

年度财务预算管理计划

<table>
<tr><td rowspan="3">明确财务预算管理中存在的问题</td><td>1. 企业预算与长期发展目标不一致（ ）</td><td rowspan="3">备注：
分析后，如果企业确实存在其中的某类问题，就在其后面的括号里打“√”，以便改进</td></tr>
<tr><td>2. 预算反馈不及时（ ）</td></tr>
<tr><td>3. 预算的执行过程缺乏有效的监督机制（ ）</td></tr>
<tr><td rowspan="4">完善财务预算管理的方法</td><td colspan="2">1. 建立科学的财务预算考评体系</td></tr>
<tr><td colspan="2">2. 编制科学的财务预算方案</td></tr>
<tr><td colspan="2">3. 建立科学的考评体系并不断完善</td></tr>
<tr><td colspan="2">4. 将审计监督贯穿于预算的整个过程</td></tr>
</table>

6.3 年度会计核算计划

企业会计核算的主要计量单位是货币，其以经济效益的提高为主要目标，通过设置会计科目、复式记账、填制和审核凭证、登记账簿、成本计算、财产清查、编制会计报表等方法对企业、机关等的经济活动进行全面、综合、连续、系统的核算和监督，提供会计信息，逐渐开展预测、决策、控制和分析等活动，是经济管理活动的重要组成部分。

会计核算形式是指在会计核算中，会计凭证、账簿组织、记账程序和记账方法要互相配合，这也是会计凭证、会计账簿、会计报表、记账方法和记账程序相互结合的方式。

6.3.1 企业会计核算管理主要存在的问题

企业会计核算主要存在这样一些问题：

问题	说明
从业人员素质不高	会计人员的综合素质和职业道德观念，对会计核算工作有至关重要的作用。但是，会计从业人员拥有助师以上职称和大专以上会计学历的从业人员比较少
会计主体界限不清	会计主体是会计核算的四大前提之一，很多企业产权和个人财产界限不清楚，企业财产和个人家庭财产经常发生相互占用等问题
会计机构与人员配置不到位	会计机构设置和会计人员任用不符合会计规范要求。考虑到成本，有些企业没有设置会计机构。在会计人员任用上，最常见的做法是任用自己的亲属当出纳，再外聘一个兼职会计
不按会计制度的规定建账	很多企业的账本主要是对税务部门使用发票，为了应对增值税发票才设立了建账规定，并不是为了满足自身管理的需要。很多企业甚至根本没有设账；即便设账，账目也混乱不清
内部监督制约机制不到位	有些企业内部牵制制度、定额管理制度、稽核制度、计量验收制度、成本核算制度、财务清查制度、财务收支审批制度等内控制度不完整，会计的监督和反映职能严重缺失

6.3.2 会计核算

组织会计核算形式的时候，要坚持三个原则：适应业务特点、满足管理需要、简化核算手续。同时，还要按照一定的流程进行，如下图所示（图 6-2）：

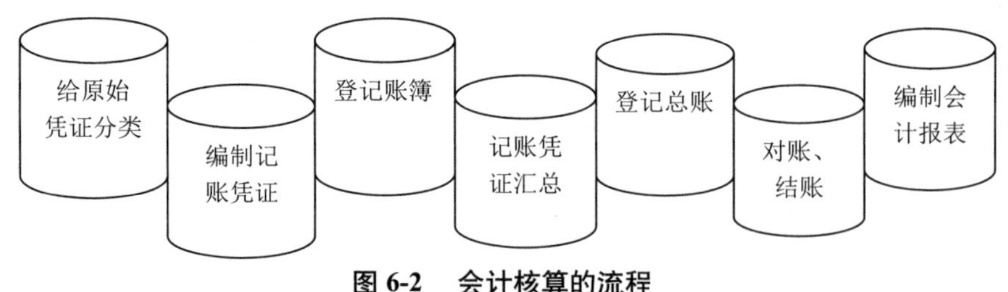

图 6-2　会计核算的流程

1. 给原始凭证分类

拿到原始凭证后，要检查其是否合乎入账手续。若是发票，必须检查是不是有税务监制章，原始凭证主要检查以下四点：

（1）大小写金额是不是一致，跟剪口处是否相符。

（2）是否有相关人员的签字。

（3）付款单位的名称，填制凭证的日期，经济业务内容、数量、单位、金额等要素是否完备。

（4）是否有开发票单位的签章。

2. 编制记账凭证

根据原始凭证的分类，就能够做凭证了。凭证也叫传票，凭证有几张原始凭证，就填写几张。

3. 登记账簿

凭证在审核无误后，应当登记账簿。首先，要为凭证按照时间顺序编号；之后，依据记账凭证上的科目，逐笔登记到相对应的账簿上。

4. 记账凭证汇总

将记账凭证的科目和金额汇集到一起的汇总顺序是：首先，按凭证上的编号排好顺序；然后，按照凭证上的科目做丁字账，一个科目一个科目地抄写；最后，进行合计，看看借方总合计数是否等于贷方总合计数。相等，则说明合计无误，之后再将数据抄写在记账凭证的汇总表上。

5. 登记总账

根据试算平衡的记账凭证汇总表，登记总账。

6. 对账、结账

只要凭证正确，就要经常对账，做到账证相符、账账相符、账实相符、账表相符。

7. **编制会计报表**

记完总账后，就能够编制财务会计报表了。

6.3.3 加强企业会计核算管理的措施

如果想加强企业会计核算管理，就要采用下面一些措施：

1. 加强对财会人员从业资格的管理。企业要依据自身业务量的大小，按照规定设置会计机构，让企业配备足够的、业务素质比较高的会计人员。

2. 加强会计人员的教育培训。企业要加强会计人员教育培训考核；让会计人员熟悉并掌握会计的基本知识，加强业务学习，严格按照会计制度和相关政策法规处理各种会计事项，并且熟练掌握会计电算化软件应用、掌握新的会计处理和纳税申报方式。

3. 加强企业内部会计管理制度建设。要建立健全企业内部会计管理制度，保证企业会计工作有序进行，加强会计工作的开展。

附表：

年度会计核算计划表

会计核算管理中存在的问题	1. 从业人员素质不高（ ）	备注： 分析后，如果企业确实存在其中的某类问题，就在其后面的括号里打“√”，以便改进
	2. 会计主体界限不清（ ）	
	3. 会计机构与人员配置不到位（ ）	
	4. 不按会计制度的规定建账（ ）	
	5. 内部监督制约机制不到位（ ）	
会计核算计划的流程	1. 给原始凭证分类	
	2. 编制记账凭证	
	3. 登记账簿	
	4. 记账凭证汇总	
	5. 登记总账	
	6. 对账、结账	
	7. 编制会计报表	

加强会计核算管理的措施	1. 加强对财会人员从业资格的管理
	2. 加强会计人员的教育培训
	3. 加强企业内部会计管理制度建设

6.4 年度财务管理计划

财务管理是企业组织财务活动和处理财务活动中所发生的一种经济管理工作，是企业管理的一个重要组成部分，是企业对其资金的形成、分配、消耗、补偿等进行计划、组织、核算和监督的总称。

伴随着中国经济体制的改变，财务管理作为一项综合管理工作，在企业追求价值最大化的过程中具有非常重要的位置。企业如果想在社会经济中站住脚、谋求发展，一定要强化财务管理，建立一套健全的现代企业财务管理体系。因此，企业年度计划的制订，必然要涉及财务管理。

6.4.1 企业年度财务管理的目标

财务管理目标是企业经营目标在财务上的集中和概括，是企业所有理财活动的出发点和归宿。制订财务管理目标是现代企业财务管理成功的前提，只有明确合理的财务管理目标，财务管理工作才会有明确的方向（图 6-3）。

1. 利润最大化

企业财务管理的最大价值是利润最大化。也就是说，要通过对财务活动和经营活动的管理，获得企业利润的增长。这是企业进行财务管理的首要目标。

2. 股东财富最大化

企业一般都是由股东出资形成的，尤其是一些中型、大型企业更是如此。股东创办企业的目的是扩大财富，他们都是企业的拥有者，自然追求股东财富最大化。这也是企业财务管理的重大目标。

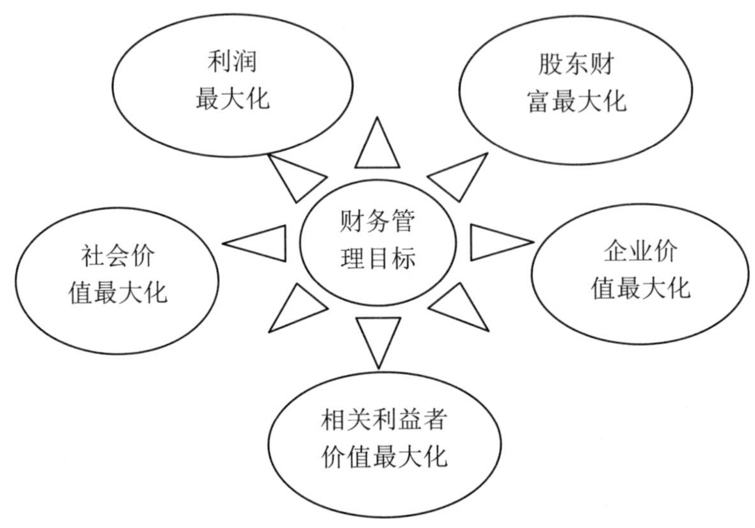

图 6-3　年度财务管理的目标

3. 企业价值最大化

企业要通过对财务的合理经营，采用最优的财务政策，充分使用资金的时间价值、风险和报酬的关系，把企业长期稳定发展摆在第一位，在企业价值增长中，满足各方利益关系，不停地增加企业财富，让企业价值最大化。

4. 社会价值最大化

企业主体是多元化的，必然要涉及社会各方面的利益关系。因此，企业目标的实现，不能只是从企业本身去考察，还要从企业所从属的更大社会系统进行规范。社会价值最大化要求企业在追求企业价值最大化的同时，要实现预期利益相关者的协调发展，实现社会责任和经济效益的良性循环关系。

5. 相关利益者价值最大化

从本质上来说，企业就是利益相关者的契约集合体。利益相关者指的是所有在公司拥有某种形式的投资并处于风险中的人，包括股东、经营者、员工、债权人、顾客、供应商、竞争者和国家。

契约具有不完备性，利益相关者共同拥有企业的剩余索取权和剩余控制权，共同拥有企业的所有权。对于所有权的拥有是利益相关者参与公司治理的基础，也是他们权益得到应有保护的理论依据。

6.4.2 加强财务管理的措施

一般情况下，加强财务管理应当从下面几个方面入手：

1. 建立和健全财务管理制度

财务部必须依据国家统一制订的财务管理制度及要求，制订本企业的财务管理制度。只有拥有完备的财务管理制度，在日常财务管理中才可以不断地把制度内容落实、贯彻、执行。

2. 明确企业财务管理的主要职责

参与企业经营决策是财务管理的主要责任。资金运动循环渗透在企业生产经营活动的各环节，需要使用成本费用、收入等各项指标组织企业价值的形成，分配企业资金；此外，还需要依据企业制订的目标，制订财务计划，再进行成本控制，让企业生产经营的各部门和环节按照计划开支，有效地控制财产消耗。

3. 完善原始记录和定额管理制度

所谓原始记录是指直接反映生产活动的第一记载，既是企业进行经济核算的依据，也是财务管理的基础。原始记录的建立，要准确及时、简便易行、讲求实效，符合企业管理的需要。

4. 积极开展财务检查分析

财务分析是企业经济活动分析的重要组成部分。

日常的财务管理包括财务计划指标的分解和归口分级管理、财务计划在执行中的预测、财务指标完成情况、财务收支决算等。财务部在进行财务检查时，要认真对企业的经济活动和财务收支的合法性与合理性进行检查和监督，之后将检查结果如实上报上级机关；对于存在的问题，要进行细致的分析。

5. 确立财务管理在企业管理中的中心地位

企业的经营过程，也是资本的运营过程。财务是在企业经营过程中客观存在的一种资金运动。只有确立了财务管理在企业管理中的中心地位，才更加有利于现代企业制度的推行。

附表：

年度财务管理计划

财务管理的目标	1. 利润最大化
	2. 股东财富最大化
	3. 企业价值最大化
	4. 社会价值最大化
	5. 相关利益者价值最大化
加强财务管理的措施	1. 建立和健全财务管理制度
	2. 明确企业财务管理的主要职责
	3. 完善原始记录和定额管理制度
	4. 积极开展财务检查分析
	5. 确立财务管理在企业管理中的中心地位

6.5 年度资产管理计划

企业资产管理是资产密集型企业的信息化、制造业信息化、企业信息化解决方案的总称，能够提高资产可利用率、降低企业运行维护成本。其以优化企业维修资源为核心，通过信息化手段，合理安排维修计划和相关资源与活动，提高设备可利用率，增加收益，通过优化安排维修资源降低成本，提高企业的经济效益和市场竞争力。

6.5.1 企业资产管理的流程

企业展开资产清查工作，不仅对宏观调控有帮助，还可以准确地做好预算。通过资产清查，不仅可以掌握各单位资产的使用状况，还能了解各部门闲置设备的多少，短缺设备的种类、数量，如此在细化经费预算投入时，就可以有一些侧重，比如对使用率不高、闲置浪费比较多的部门减少投入，避免投入不当造成的浪费；对于需要配置资产的部门，合理调剂余缺，有效避免盲目重复购置造成的资产闲置浪费。

企业在进行资产管理时，一定要按照既定的流程进行：

1. 履行资产购置报批手续。

2. 资产购置入账，处置销账加强核算并制订固定资产卡片。

3. 定期开展资产清查盘点工作，保证账账相符、账实相符。

4. 依法、依规处置资产。

5. 未履行报批手续或报批手续未被批准，不得购置。

6.5.2 资产管理中存在的问题

在资产管理中，一般存在下面几个问题（图 6-4）：

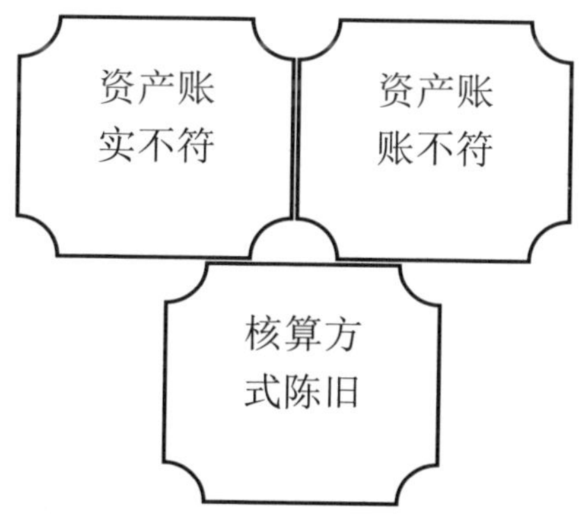

图 6-4　企业资产管理存在的问题

1. 资产账实不符

实行会计集中核算后，很多企业会计核算中心管账不管物、核算单位管物不记账，直接导致了一定程度上记账和使用的分离。其实，有些资产形成后，应该做“办公设备购置费”会计科目，可是大部分企业却错误地将它记作经费支出，比如笔记本电脑作为会议费、大批图书作为办公费等，最终都没有形成固定资产。

2. 资产账账不符

会计在集中核算后，要进行各部门的固定资产账务处理，要通过“固定资产”“固定基金”等一级科目进行总分类核算，建立起固定资产明细账和固定资产卡片等。除此之外，依然需要各核算单位自主进行，比如成批购置办公电脑，同样的一台电脑因为内部配置不同价格可能完全不同，所以做账时应当详细列清具体配置等。

报账会计在向核算中心报账增减固定资产的同时，必须自动增减本单位的明细分类账。如果购进的资产不能全部如实登记，变卖或者报废的资产并没有及时冲转，就会出现账账不符的情况。

3. 核算方式陈旧

即使很多企业的会计制度都对固定资产计价、增加、转出、报废、毁损和固定资产的盘盈盘亏等规定了详细的核算方法，可是大部分企业在核算固定资产时，依然不会根据固定资产的价值变化进行核算，只核算账面原值，对于折旧只字不提。

6.5.3 加强资产管理的措施

要想加强企业资产管理，可以从下面两方面做起：

1. 会计核算中心

会计核算中心的主要工作是细化固定资产核算和管理，主要应当做好下面几方面：

工作	说明
完善报账结报手续	报账员是核算中心和各单位之间联系的桥梁，完善报账手续是做好固定资产管理的第一步。在报账时，一定要做到手续完备
拓展财务核算软件功能	当前，会计核算软件只停留在基础的财务核算层面，缺乏完善的财务统计、分析功能，无法适应企业对固定资产管理的需要。所以有必要在财务核算的基础上拓展财务软件的功能，尤其要拓展查询功能，让各部门可以随时在网上查询固定资产的账目情况，提高工作质量
落实固定资产盘点制度	盘点制度是固定资产管理工作的一个重要组成部分。半年或者一年定期进行盘点，能够让各核算单位清晰地明白资产的使用情况。如此，遇到报废、毁损等情况，他们就会及时处理，避免造成账实不符

2. 各核算单位

各核算单位，都是固定资产的使用者，当然也是固定资产的主要管理者。在管理固定资产方面，需要做好下面几方面工作：

（1）切实增强单位负责人的责任意识。各管理者要实行固定资产管理责任制，明确部门“一把手”是固定资产管理的第一责任人。

（2）完善固定资产内控制度。制度化管理是做好固定资产管理的重要手段，一定要管好用好固定资产，做到有章可循、有章必循、违章必纠。

（3）健全国有资产处置报批制度。处置资产（包括调拨、转让、报废、报损等）时，一定要严格按照“先报批后处置”的程序，由资产使用部门向主管部门、财政部门、企业资产管理部门提出申请报告，并且按照有关规定履行审批手续。没有得到批准，不能擅自处置企业资产；否则，要追究有关责任人的责任。

附表：

年度资产管理计划

<table>
<tr><td rowspan="5">资产管理流程</td><td colspan="3">1. 履行资产购置报批手续</td></tr>
<tr><td colspan="3">2. 资产购置入账</td></tr>
<tr><td colspan="3">3. 定期开展资产清查盘点工作</td></tr>
<tr><td colspan="3">4. 依法、依规处置资产</td></tr>
<tr><td colspan="3">5. 未履行报批手续或报批手续未被批准，不得购置</td></tr>
<tr><td rowspan="3">资产管理中存在的问题</td><td colspan="2">1. 资产账实不符（ ）</td><td rowspan="3">备注：
分析后，如果企业确实存在其中的某类问题，就在其后面的括号里打“✓”，以便改进</td></tr>
<tr><td colspan="2">2. 资产账账不符（ ）</td></tr>
<tr><td colspan="2">3. 核算方式陈旧（ ）</td></tr>
<tr><td rowspan="6">加强资产管理的措施</td><td rowspan="3">会计核算中心</td><td colspan="2">1. 完善报账结报手续</td></tr>
<tr><td colspan="2">2. 拓展财务核算软件功能</td></tr>
<tr><td colspan="2">3. 落实固定资产盘点制度</td></tr>
<tr><td rowspan="3">各核算单位</td><td colspan="2">1. 切实增强单位负责人的责任意识</td></tr>
<tr><td colspan="2">2. 完善固定资产内控制度</td></tr>
<tr><td colspan="2">3. 健全国有资产处置报批制度</td></tr>
</table>

6.6 年度内部审计工作计划

企业内部财务审计是指由企业内部审计机构或者审计人员按照国家的法律法规、企业的管理制度对企业和所属单位的财务管理和会计核算进行合法、合规的内控，保证财务信息的真实、正确，保证审查和评价的独立进行。这也是财务部进行年度计划设计时，需要注意的一大问题。

6.6.1 内部审计的组织定位

要想让内部审计在企业生根发芽、健康发展，一定要把握“监督”和“服务”的分寸，强化对组织目标的服务职能。

按照服务对象的不同，内部审计会出现不同的职能定位。一般情况下，内部审计设有决策层、监督层、执行层三种模式，分别对应董事会或审计委员会、监事会、总经理\副总经理\总会计师\纪委书记等。根据企业发展的不同需求，内部审计的组织定位也会发生变化。

从现代企业治理机构考虑，不管是在董事会下设审计委员会，还是在经营管理系统设置审计部门，职能性审计计划和报告都需要经审计委员会批准认可；日常行政性审计计划和报告要向管理层主要领导负责，内部审计部门的人事管理、资源计划决策权则属于审计委员会……这种模式科学有效，受到了国内外理论界的支持。

内部审计是企业财务管理不可或缺的重要组成部分，企业一定要为其作用的发挥提供一定的支持。

6.6.2 内部财务审计的实施

如何实施内部财务审计呢？可以按照下面的方法进行：

1. 审计方法的运用

企业财务审计的方法主要有查询法、审阅法、核对法、调节法、盘存法、估计法、分析法等。在具体审计工作中，审计人员要依据企业不同的情况，综合使用各种方法。

2. 审计程序的规范

规范的审计程序包括：

程序	说明
环境分析	要对企业的外部环境和内部环境进行分析。外部环境包括宏观环境和企业经营环境，如当地的法律法规要求、政治环境、行业背景等。内部环境主要包括企业能够控制的一些因素，有企业的组织结构、人员、企业战略、系统、技术和企业文化
了解现状	在审计过程中，要关注资金短缺对于运营周转的影响、融资能力的变化、产业发展和资金的供给平衡、技术研发投入对于产品的影响和风险、客户的可持续发展和现金流状况、供应商的可持续发展和供货状况、经营政策的变化、行业周期的影响等
进行风险评估	财务审计，风险评估贯穿始终。现实的财务造假涉及财务报告的各方面，差不多各会计科目都是不真实的，所以财务部门要有强烈的风险意识，对于风险的评估要做到具体详细，而且和总体风险水平持平
保持应有的职业谨慎	工作中，一定要让工作人员保持职业谨慎，客观地评估所观察的情况和搜集的证据，对于所有潜在的负面指标或迹象，要认真分析，多方查证，确定它们是不是导致财务报表不实的原因
深入现场调研	要深入到生产和管理现场，通过询问、观察和查阅等方式，直接了解企业的经济活动，更好地理解企业会计核算
积极利用专家工作	实际工作中，一定要向工程、技术、市场、人事、金融、会计等专家虚心请教，弥补专业知识和能力上的不足，让审计过程更高效
执行具体会计科目审计程序	要对具体的会计科目、会计报表附注、会计报表等进行认真的审计
及时提出审计报告	在编制审计报告的时候，一定要综合考虑审计中涉及各方面情况，及时、真实、准确地反映出企业的客观评价

3. 审计风险的考虑

在财务审计中，要对审计风险进行防范，一定要做到：内部财务审计人员一定要有全面的财务和法律知识；规范审计调查取证的操作水平；认真听取和研究审计部门的反馈意见；建立健全审计质量内控制度；正确履行规定的审计程序。

附表：

年度内部审计工作计划

<table>
<tr><td rowspan="3">内部审计
的组织定位</td><td colspan="2">1. 决策层内部审计</td></tr>
<tr><td colspan="2">2. 监督层内部审计</td></tr>
<tr><td colspan="2">3. 执行层内部审计</td></tr>
<tr><td rowspan="10">内部财务
审计的实施</td><td colspan="2">审计方法的运用</td></tr>
<tr><td rowspan="8">审计程
序的规范</td><td>1. 环境分析</td></tr>
<tr><td>2. 了解现状</td></tr>
<tr><td>3. 进行风险评估</td></tr>
<tr><td>4. 保持应有的职业谨慎</td></tr>
<tr><td>5. 深入现场调研</td></tr>
<tr><td>6. 积极利用专家工作</td></tr>
<tr><td>7. 执行具体会计科目审计程序</td></tr>
<tr><td>8. 及时提出审计报告</td></tr>
<tr><td colspan="2">审计风险的考虑</td></tr>
</table>

第 7 章

研发部年度计划的制订

7.1 年度市场调研计划

市场调研是市场调查和研究的简称，指的是企业针对某一个特定的市场营销问题，使用科学的方法和程序，有计划、有系统地收集、整理和市场有关的信息资料，对其进行分析、研究并得出结论，进而给企业的市场营销决策提供依据。

市场调研是企业经济活动中的重要内容，对企业的经济发展具有深刻的影响。

7.1.1 明确市场调研的方法

如果想成功地获得调研结果，就要充分了解两种方式（图 7-1）：

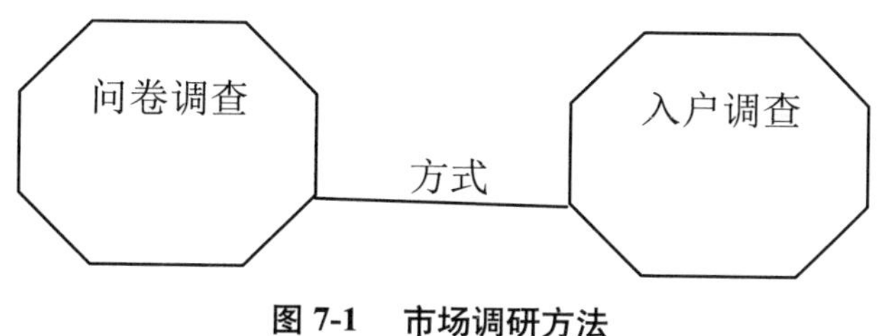

图 7-1　市场调研方法

1. 问卷调查

这是目前企业广泛采用的调查方法，由调查机构依据调查项目设计调查问卷，之后采取抽样的方式确定调查样本，再通过调查员对样本的访问，完成事先设计好的调查项目，最后，再统计分析出调查结果。

问卷调查会受到样本的选择、统计手段、调查员自身素质等因素的影响。问卷的完美设计，是市场调查的前提条件之一。在问卷设计之前，不仅要对消费品背景、市场行情等有一定的了解，还要对调查过程和被调查者的心理状态做到心中有数，闭门造车要不得。

2. 入户调查

进行市场调查，还可以到各小区一户一户地敲门做调查，得到第一手资料。这种调查方式有一定的难度，工作人员要保持良好的仪表、语气要和蔼、态度要诚恳，给人一种彬彬有礼的感觉；同时，问话用语也要得体，尊重他人、给别人一种亲切随和的感觉。做到这些，被访问者就比较容易放心地接受访问调查了。

7.1.3 熟知市场调研的流程

市场调查涉及面广、比较复杂，要想顺利进行市场调查，实现预期目的，就要科学安排市场调查过程中的各项工作。具体来说，市场调研主要包括三个阶段：调查准备阶段、调查实施阶段、总结阶段（图 7-2）。

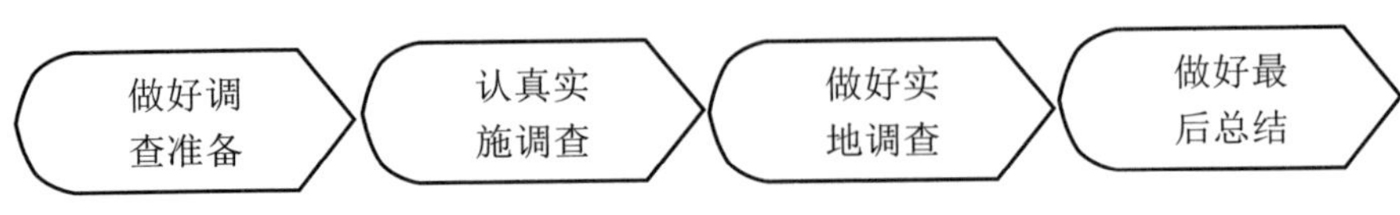

图 7-2　市场调研流程

1. 做好调查准备

在这一阶段主要解决的是调查目的、范围和调查力量的组织等问题，同时还要制订出切实可行的调查计划。具体工作步骤是：(1) 确定调查目标，拟定调查项目；(2) 确定收集资料的范围和方式；(3) 设计调查表和抽样方式；(4) 制订调查计划。

2. 认真实施调查

此阶段是整个市场调查的关键，会影响到调查工作能否准确、及时、完整和节约。为了达到效果，要对调查人员进行培训，让调查人员理解调查计划，掌握调查技术及和调查目标有关的经济知识。

3. 做好实地调查

这时候，调查人员要按计划规定的时间、地点和方法等收集资料，不仅要收集第二手资料（现成资料），还要搜集第一手资料（原始资料）。实地调查的质量，最终取决于调查人员的素质、责任心和组织管理的科学性。

4. 做好最后总结

此阶段的工作可以分为以下几个步骤：

步骤	方法	说明
第一步	资料的整理与分析	对收集的资料进行去粗取精、去伪存真、由此及彼、由表及里的处理
第二步	撰写调查报告	市场调查报告由四部分组成：引言、正文、结论和附件。其基本内容包括开展调查的目的、被调查单位的基本情况、所调查问题的事实材料、调查分析过程的说明、调查的结论和建议等

第三步	结论的追踪与反馈	调查结论和建议完成后，还要继续了解其结论是否被重视和采纳、采纳的程度、采纳后的实际效果、调查结论与市场发展是否一致等，不断改进和提高调查质量

附表：

年度市场调研计划

<table>
<tr><td rowspan="2">市场调研的方法</td><td colspan="2">1. 问卷调查</td></tr>
<tr><td colspan="2">2. 入户调查</td></tr>
<tr><td rowspan="6">市场调研的流程</td><td colspan="2">1. 做好调查准备</td></tr>
<tr><td colspan="2">2. 认真实施调查</td></tr>
<tr><td colspan="2">3. 做好实地调查</td></tr>
<tr><td rowspan="3">4. 做好最后总结</td><td>1. 资料的整理与分析</td></tr>
<tr><td>2. 撰写调查报告</td></tr>
<tr><td>3. 结论的追踪与反馈</td></tr>
</table>

7.2 年度新产品开发计划

新产品开发能否成功，直接关系到企业的长远发展。设计管理的核心是新产品开发，所以企业一定要有先进的设计管理，让新产品成功推向市场并且被消费者所喜爱。这不但可以给企业带来利润，还能巩固企业在市场上的良好形象。

7.2.1 新产品开发中存在的问题

在新产品开发中，通常存在这样一些问题：

问题	说明
缺乏市场分析	市场分析不足，没有真正了解客户需求，是新产品项目中的主要问题

实施质量不高	程序员出身的员工，对研发兴趣远大于实施，他们的精力都在开发上，对实施环节并不重视，以至于整个产品给客户的感觉都是错误百出
推进太快	因为太急，经常会赶超进度，结果产品质量低、代码杂乱，想一出是一出，甚至还直接绕过市场调查、市场测试等，直接进入开发阶段
前期准备工作不充分	项目在前期没有开展活动，准备不充分，项目从构思直接推到大规模开发
产品对客户来说缺乏价值	没有清楚地了解客户的需求，就开始进行新产品开发，导致产品先天不良。对于客户来说，这些产品价值特别低或根本就没有价值。很多新产品都是反应式的，模仿他人做产品，竞争环境不容乐观
项目太多，资源缺乏	公司人力有限，一个人需要运作两个以上的项目，会极大地消耗掉整体资源，导致产品研发的使用资源短缺，员工无法专心搞产品研发
缺乏规范、系统的产品开发流程	产品研发流程，如果是按照公司自身情况来确定的，就可以避免众多的障碍和官僚。可是如今的企业大多数都缺乏规范、系统的产品开发流程，新产品的开发必然会出问题

7.2.2 新产品开发的流程

新产品开发，不仅复杂，而且极具风险，直接关系到企业经营的成功和失败。据统计，开发新产品从构思到投入市场，成功率只有1%~2%。所以，为了提高新产品开发的经济效益，一定要按照专门的科学程序来进行。如图所示（图 7-3）：

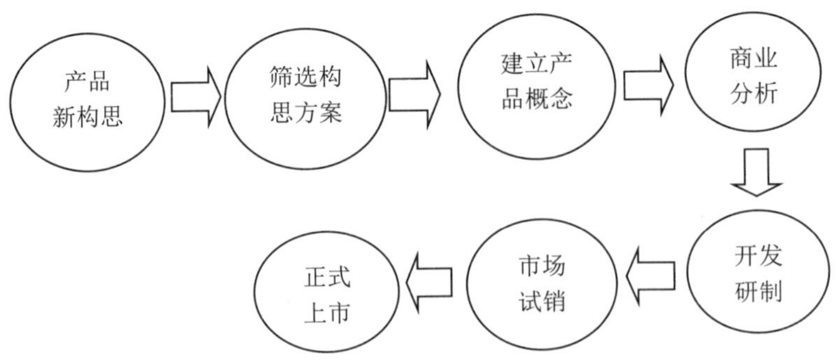

图 7-3 新产品开发流程

1. 产品新构思

产品开发的第一步是新产品构思，也就是说，要对准备向市场推出的产品加以研究、发展，有了新想法，才会有后面的实施。

2. 筛选构思方案

新产品构思的好坏，直接影响着新产品的开发。所以，在有了创新构思后，还要进行抉择和取舍，选出符合组织构思的方案。

3. 建立产品概念

这一步骤是开发新产品过程中最为关键的，目的在于将产品构思转变为使用时安全、能增进消费者利益、制造上经济、具备顾客乐于接受的物质特征的实际产品。

4. 商业分析

完成上面三个步骤后，要对预计的销售额、成本和利润进行审视了，要判断其是不是和生产者的目标相符合。

5. 开发研制

经过市场分析后，产品就会从概念进入实际研制过程。在这个阶段，企业要试制出新产品样品或实体模型。

6. 市场试销

产品样品经过实验后，要经过消费者或者用户的试用，帮助企业进一步修改产品设计，确定新产品是不是值得投入市场。

7. 正式上市

试销成功后的新产品，就能够批量生产，正式推向市场了。

7.2.3 新产品开发的策略

新产品的开发要考虑开发动机、开发成本、开发风险，同时在新产品开发前，还要学会下面 6 个策略：

1. 深度调研——在产品严重同质化的今天，在买方市场决定产品销售的大环境下，开发产品的时候，不做市场调研，是一件非常可怕的事情；要想做到细致的深度调研，还要以市场需求和消费者为导向。

2. 精准定位——深度调研后，需要对新开发的产品做定位策略。所谓精准定位，通俗来说就是将自己的产品卖给哪一个层面的消费者，给消费者提供一个非要购买的理由。在这个层面的消费者消费能力如何，决定着其在什么场所进行购买。

3. 独特卖点——只要有商业活动，就存在着竞争。不管在任何行业，都存在竞争对手。因此，新产品开发最好能突出个性，有个性的产品才会有差异化；只有差异化的产品，才能有更多关注度和独特卖点，才可以同同类产品拉开距离。

4. 成本价位——在新产品开发之前要对消费者进行调研，此时一定要弄清楚，你所定位的消费者对于本产品的心理接受价位是多少。

5. 整合包装——这里所说的包装策划是系列性的，包括从产品的命名、包装设计、卖点提炼、荣誉申报、招商策略等。中小企业在给产品命名的时候，一定要朗朗上口、容易懂、紧扣产品特性。如此，就会节省很多宣传费用。

6. 上市营销——在解决定价问题的基础上，新产品上市营销方案要完成竞争产品分析、分销渠道设计和促销计划的设计，为新品上市做准备。

附表：

年度新产品开发计划

新产品开发中存在的问题	1. 缺乏市场分析（ ）	备注： 分析后，如果企业确实存在其中的某类问题，就在其后面的括号里打“√”，以便改进
	2. 实施质量不高（ ）	
	3. 推进太快（ ）	
	4. 前期准备工作不充分（ ）	
	5. 产品对客户来说缺乏价值（ ）	
	6. 项目太多，资源缺乏（ ）	
	7. 缺乏规范、系统的产品开发流程（ ）	

新产品开发流程	1. 产品新构思
	2. 筛选构思方案
	3. 建立产品概念
	4. 商业分析
	5. 开发研制
	6. 市场试销
	7. 正式上市
新产品开发的策略	1. 深度调研
	2. 精准定位
	3. 独特卖点
	4. 成本价位
	5. 整合包装
	6. 上市营销

7.3 年度新产品测试计划

如今，竞争日益激烈，消费者越来越喜新厌旧，没有新产品的企业注定要被淘汰，新产品的开发和推广具有风险性，因此降低和规避风险是积极开发新产品的企业一定要面对的问题。在新产品上市之前进行市场测试，是降低风险的一种有效手段。

一种新产品的引入一般有很大风险性，传统观点认为：随着竞争的日趋激烈和变革速度的加快，新产品的利润贡献会超越过去。可是，新产品上市推广的失败率却特别高，大概是66%~90%。为了弥补损失并且将企业的利润保持在一定水平，就要进行新产品测试，之后才可正式上市。

7.3.1 新产品测试的内容

进行市场测试的目的是协助营销经理对新产品做出更好的决策，对现有的产品或营销战略进行调整。新产品测试的内容主要有：

1. 测试消费者对于该新产品是否清楚和理解，能否相信新产品所提供的利益，新产品有无传播的可能性。

2. 测试消费者对该新产品的需求程度，消费者对于新产品的需求程度越高，新产品成功的可能性越大。

3. 测试新产品与现有产品的差别，了解新产品的未来市场前景怎样，新产品与现有产品差别越大，新产品在市场上的占有率会越高。

4. 测试消费者对新产品所体现出来的价值的反应，消费者对于产品的认知价值越高，新产品就会越有市场。

5. 测试潜在消费者对于新产品的购买意愿。

6. 测试目标用户、购买场合和购买频率。

7.3.2 新产品测试的方式

就消费产品来说，测试的方式主要有两种，如下表所示：

方式	说明
居家测试	把新产品发放给客户，让客户在家里进行体验式消费。这种方式测试的时间比较长，环境适宜安静，客户在体验时不宜被干扰，得出的结论一般相对后者更加正确
现场测试	在商店内部或者其他被允许的地方设立测试点，请行人消费产品，并且提出意见。测试现场一般比较嘈杂，消费者体验时间短，心情较为紧张，因此只能根据第一直觉做出判断，结论自然不够准确，参考价值比较低。而且对于多数非消费类产品，比如生产机械、新型原材料等，只可以交给客户使用，然后听取客户反应

7.3.3 新产品测试问卷的设计

在测试新产品时，为了得到正确的结论，需要对测试问卷进行精心设计，具体来说包括下面几个方面：

1. 被测试者对产品的整体评价如何。

2. 被测试者喜欢新产品的哪些地方和不喜欢新产品的哪些地方；最不

喜欢和最喜欢新产品的哪些地方……有时，产品开发者没有想到某些产品特性，反而有可能成为被测试者的最爱，成为产品未来最大的卖点。

3. 最希望新产品改进的地方有哪些。

4. 购买的意愿。新产品上市，是不是愿意购买？在怎样的情况下愿意购买，在怎样的情况下不愿意购买，包括产品的价格、购买的方便程度、对服务的要求等。

5. 留下被测试者的个人情况，如年龄、性别、受教育程度、收入等，除非对方自愿，否则不要让对方留电话或者通讯地址。若是比较性产品，还要问对方更喜欢怎样的产品。

6. 购买时，更愿意选择哪一种产品，为什么？为了让测试更方便，答案比较准确，就要照顾被测试者的心情，为其提供几个不同程度的答案，让对方选择，比如非常满意、比较满意、一般、不太满意、非常不满意。

附表：

年度新产品测试计划表

新产品测试的内容	1. 测试消费者对于该新产品是否清楚和理解，能否接受新产品
	2. 测试消费者对该新产品的需求程度
	3. 测试新产品与现有产品的差别
	4. 测试消费者对新产品所体现出来的价值的反应
	5. 测试潜在消费者对于新产品的购买意愿
	6. 测试目标用户、购买场合和购买频率
新产品的测试方法	居家测试
	现场测试
新产品测试问卷的设计	1. 被测试者对产品的整体评价如何
	2. 被测试者喜欢新产品的哪些地方和不喜欢新产品的哪些地方
	3. 最希望新产品改进的地方有哪些
	4. 购买的意愿
	5. 留下被测试者的个人情况
	6. 购买时，更愿意选择哪一种产品，为什么

7.4 年度新产品试销计划

新产品市场试销的目的在于，在新产品正式上市之前对其做最后一次测试，而且这种测试的评价者是消费者的货币选票。

从新产品构思到新产品实体开发的各阶段，研发部门都对新产品进行了相应的评估、判断和预测，可是这种评价和预测在很大程度上还带着新产品开发人员的主观色彩，最终投放到市场上的新产品是不是可以得到目标市场消费者的青睐，企业没有把握。

通过市场试着把新产品投放到有代表性的地区，在小范围目标市场进行测试，企业才能真正了解新产品的市场前景。

7.4.1 新产品试销市场的选择

新产品试销时，第一步是要选择合适的市场。一般来说，在选择合适的试销市场时，一定要遵守下面六大原则（图 7-4）：

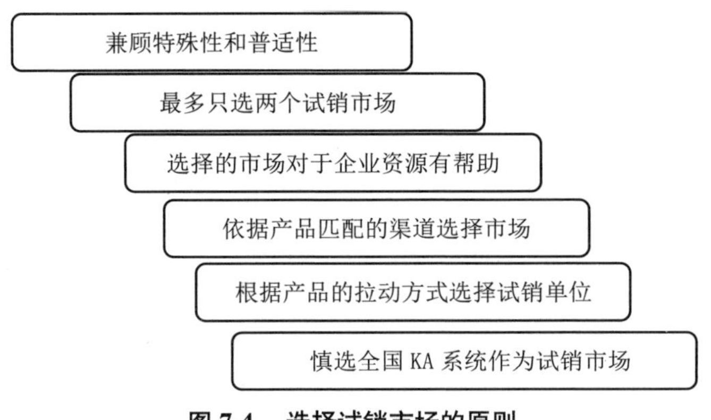

图 7-4　选择试销市场的原则

1. 兼顾特殊性和普适性

市场基础好的和市场基础大众化的各选一个，不要选择特差和特大城市。

2. 最多只选两个试销市场

试销的主要目的是检验产品力、检验产品质量、检验推广策略，试销市场最好不要太多，一两个即可达到检验目的。试销期的监控工作特别细致，工作量特别大，对于销售人员现有的工作节奏是一个巨大的考验和冲击，需要市场部人员紧盯着销售人员推动新品。所以，过多的市场势必会分散市场部的精力，不利于对试销市场管控，无法真正检验市场。

3. 选择的市场对于企业资源有帮助

企业若是能够在某一市场充分调动资源为产品推广所用，就是比较好的试销市场选择，更容易成功。

4. 依据产品匹配的渠道选择市场

产品需要匹配传统流通渠道，还是现代流通渠道？如果是流通型产品，就要选择流通型市场进行试销，比如河南、湖南、湖北等批发业比较发达的市场；如果是终端型产品，就要选择现代渠道比较发达的市场进行试销，比如江浙一带。这样做，也体现了做市场先易后难的原则。

5. 根据产品的拉动方式选择试销单位

若是广告型产品，就以全省作为试销单位，单个城市是无法整合电视等媒体资源的；若是终端型产品，就要以某个城市为试销单位，以地面推广活动启动市场。

6. 慎选全国 KA 系统作为作为试销市场

原因有三：

（1）全国 KA 系统较分散，对广告资源的投入没有好处；

（2）卖场费用高、风险大；

（3）产品本身的品质、生产供应等还不完善，不适合进入对产品要求严苛的大卖场。即便是选择大卖场，一般也是选择地方性 KA 进行试销。

7.4.2 评估新产品试销成功与否的标准

判断新品是不是试销成功，一共有 5 个标准。符合这些标准，新品就可以放心地发布到全国市场。

1. 新品在终端卖场可以自然动销

不经过任何推荐，就能够自然动销，说明新品的产品力可以打动消费者，即便在其他市场，只要把产品陈列出来，产品也能够动销。退一步来说，即便不能自然动销，可是在导购推介和赠品促销情况下也可以动销，表明新品是一个能够满足消费者需求的产品，消费者是愿意接受它的。

2. 零售商出现两次或两次以上的返单

对于最终没有终端导购员的产品来说，不仅没有数据判断产品在终端动销的情况，也不能逐渐考察零售终端，这时判断新品是否动销，要从经销商进货和零售商二次返单上进行定性判断。

经销商多次进货可能是首批铺市需要，也可能是零售商二次返单，所以，需要对经销商的进货数据进行分析和调查，以此来判断新品是不是可以真正动销。

3. 销售额等各项指标达到上市规划中预先设计的标准

对于试销市场，新品上市规划都有销售目标的预估。正常来说，达到预估的销售目标，至少说明在经销商这个环节是达标的。经销商对于新品的态度一般都趋于保守，目标的实现一般都建立在多次进货的基础上。

4. 地面资源的投入在预算范围内或月度费用呈递减之势

在不考虑广告资源的情况下，地面资源的投入在预算的范围内，或月度费用呈递减之势，才具备大面积复制推广的可能性。

5. 通过了消费者检验

经消费者检验，没有出现过多的质量问题和投诉，产品包装也没有引起经销商和消费者投诉，没有明显阻碍产品销售。

附表：

年度新产品试销计划表

新产品试销市场选择的原则	1. 兼顾特殊性和普适性
	2. 最多只选两个试销市场
	3. 选择的市场对于企业资源有帮助
	4. 依据产品匹配的渠道选择市场
	5. 根据产品的拉动方式选择试销单位
	6. 慎选全国 KA 系统作为试销市场
判断试销成功与否的标准	1. 新品在终端卖场可以自然动销
	2. 零售商出现两次或两次以上返单
	3. 销售额等各项指标达到上市规划中预先设计的标准
	4. 地面资源的投入在预算范围内或月度费用呈递减之势
	5. 通过了消费者检验

7.5 年度新产品上市计划

对于企业来说，新产品成功上市是树立自身形象的过程，是确保自己产业长青的有力武器；对于公司来说，新产品成功上市是提高销量、保持市场可持续发展的有效办法；对于业务人员来说，新产品成功上市则是提高业绩、体现个人业务能力的有效途径。

新产品上市的重要性不言而喻！

7.5.1 做好新产品上市前的准备

产品上市要做很多准备工作。准备越充分，成功的可能性越大。

对于一个保健食品、化妆品或者 OTC（非处方）药品的营销运作来说，上市之前，准备工作主要有：

1. 前期市场需求的定量和定性研究；
2. 产品概念的开发和测试；
3. 产品实体，如内外包装、剂型、装量、内部结构等的设计；
4. 市场定位和沟通策略；
5. 广告创意和执行；
6. 各种宣传品的制作；
7. 拟开发市场的调查研究；
8. 促销活动的企划和执行；
9. 组建销售团队。

7.5.2 新产品上市的具体步骤

产品在经过前期良好的第一次营销和试销，做好了充分的上市准备而且确定了基本的上市执行策略后，就进入市场开拓的实际操作阶段。主要步骤和执行要点简述如下（图 7-5）：

第一步：发现市场机会

对于新产品开发来说，先创意新产品，后再给这个新产品找市场，是赌博游戏式的做法。正确的思路应该是：先分析市场，了解市场整体趋势；再了解目标市场上的竞品有哪些弱点能够利用，消费者有无需求没有被满足、是不是还处于空白阶段的细分市场区隔；最终通过理性分析，找到市场空档，将自己的产品根植在这块“肥沃的土地”上。

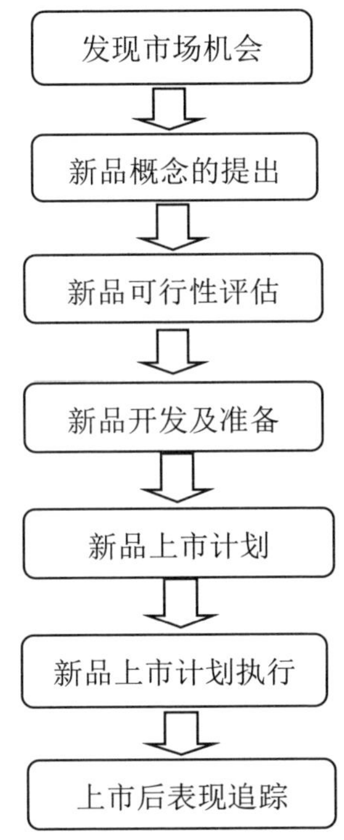

图 7-5　新产品上市步骤

第二步：新品概念的提出

市场机会给我们指明了方向，新产品概念的具体化，如产品的克重、规格、价格、包装、诉求点等要素，是为了锁定新的市场机会。新品概念的提出并不是闭门造车，而是针对市场机会的量身定做。

第三步：新品可行性评估

根据市场机会量身定做的新产品，从逻辑上推断，应当是能够成功上市的。问题是，新品开发和上市，企业是不是有实力完成？产品上市所要求的生产设备、财务支持、必备销售网络等方面，企业是不是存在先天不足？市场机会很多，这个机会是不是属于你？……所有的这些都需要根据自身情况进行可行性评估。

第四步：新品开发及准备

确认该新品上市切实可行后，就要马上行动，将停留在创意阶段的新产品概念变成实物。生产车间出来的新品样品一定符合原始创意吗？难说！最妥当的方法是拿新品样品的包装、口味、价格等要素去市场上做实物测试，一直测试到结果表明该产品在各方面符合原创意、符合市场机会、拥有市场优势为止。

第五步：新品上市计划

新品开发和准备工作结束后，接下来就面临着产品上市、广宣品和产品的批量生产、广告片完成、各项促销活动设计和执行等一系列问题。营销谋定而后动，周密的计划和安排是新品上市成功的前提。

第六步：新品上市计划执行

通过上面5个步骤的充足准备，新产品终于走上了市场。其实，所谓的市场机会把握、新品概念提出和论证、新品开发准备、新品上市计划的拟订都是为了新品上市执行这“临门一脚”做服务的。业务部门能不能把上市计划执行到位、铺货是不是可以迅速达标、促销资源是不是可以有效……决定着新品上市效果，市场的成败在此一举！

第七步：上市后表现追踪

新品上市执行不能让销售人员孤军作战，需要市场策划人员的保驾护航。从新品上市第一天开始，就要严密监控新品上市的销量、促销、铺货、价格等关键指标，及时发现问题，及时提出解决改良方案，矫正新品上市计划中的不足，实现策划和执行的完美结合。

新品上市规范推进，每项工作环环相扣、节节递进，将新品上市完全掌控住，上市成功就会变得更加理所当然。

附表：

年度新产品上市计划

新产品上市前的准备	1. 前期市场需求的定量和定性研究
	2. 产品概念的开发和测试
	3. 产品实体，如内外包装、剂型、装量、内部结构等的设计
	4. 市场定位和沟通策略
	5. 广告创意和执行
	6. 各种宣传品的制作
	7. 拟开发市场的调查研究
	8. 促销活动的企划和执行
	9. 组建销售团队
新产品上市的具体步骤	1. 发现市场机会
	2. 新品概念的提出
	3. 新品可行性评估
	4. 新品开发及准备
	5. 新品上市计划
	6. 新品上市计划执行
	7. 上市后表现追踪

7.6 年度新产品推广计划

产品推广，是企业产品问世后进入市场经过的一个阶段，也是网络营销的服务之一。

产品推广有很多方法，比如信息发布推广、电子邮件推广、资源合作推广等。

7.6.1 新产品推广的步骤

进行新产品推广的时候，要经过这样几个步骤：

1. 选择新产品推广的时机

总体来说，企业进行新产品推广的时机选择，要重视两个方面：

时机选择角度	说明
从产品生命周期出发	从产品的周期来说，企业应该在产品的增长期开始储备新品，在增长期的后期导入新产品。如此一来，产品进入成熟期后就不会有太大的压力，更容易延长生命周期
从淡旺季出发	众多的产品都有淡旺季。对于新品来说，切入市场的时机应该在淡季。在这点上，娃哈哈是一个反面教材。娃哈哈在第一年推广时，选择了旺季，以至于缺少消费者拉动，后期出现了许多问题，最终以失败结束

2. 减少推广风险

推广期，经销商的进货量和销售速度之间容易存在矛盾。若不能把进货快速下分，就有可能进入三四个月的滞销阶段，导致产品推广失败。事实证明，众多产品推广失败，并不是因为产品不好，而是因为推广的方式有问题。

要减少经销商的风险，就要尽快消化经销商的库存。若是有分销商，就要努力做好分销商的推广；若是没有分销商，就要开订货会；如果没有及时开订货会也没有分销商，就应当组织大量铺货，铺到终端，让有购买欲望的消费者快速地购买到产品。

3. 选择推广方式

很多企业不会生产一个产品，在推出第二个产品时，总会沿着第一个产品的推广方式进行推广，这类推广方式主要包括两种：一是伴随推广；二是寄生性推广。实际上，如果一个产品寄生于其他产品，推广成功率会非常低。

4. 做好推广前的动员和预热

众所周知，时装企业推广春季新品之前，都要开春季时装发布会，发布会的时间不是在春天而是在冬天，这样做其实是为了引导春天消费潮流，做一个前期的预热。

5. **做好渠道衔接与把控**

要想做好渠道的衔接和把控，就要注意下面几点（图 7-6）：

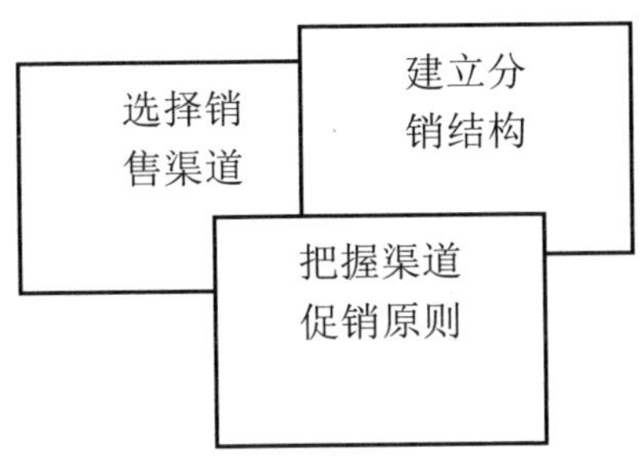

图 7-6　渠道衔接与把控的注意事项

（1）选择销售渠道。

在中国，零售业态的终端总共有 1600 万个。怎样对这 1600 万个终端进行选择，让销售效率在最短时间内最大化，需要权衡。要想实现销售效率最大化，就要充分考虑渠道的长度和宽度。

（2）建立分销结构。

在推广初期，一个经销商要投多少分销商，如何建立稳定的分销商结构，都是需要考虑的问题。在建立分销结构的过程中，首先要用订货会的方式吸引批发商，之后再进行铺货。

（3）把握渠道促销原则。

现在，一些企业在拉动消费者时进入了误区。有些促销方法虽然不错，但不能反复使用。没有屡试不爽的促销办法，适时调整促销策略很重要。

6. **进行产品铺市**

产品在上市初期，销量会随着铺市率的上升而上升。所以，在产品的推广过程中，只有达到特别高的铺市率，才能对产品的销售起到特别好的拉动作用。

7. 启动消费者拉动，做到新产品促销

消费者拉动也就是我们说的促销。调查显示，能够拉动消费者的促销活动并不多。老顾客虽然对产品比较关注，可是一个促销活动只能影响到 10%~20% 的老客户。促销活动单一化和同质化，消费者对于促销活动自然感到麻木。

7.6.2 新产品推广避免的误区

新产品在推广时，一定要避免下面几个误区：

1. 盲目追求铺货率

很多区域经理觉得，推广新产品铺货率越高越好，因为终端的能见度高，会吸引消费者购买，符合“看得见，买得到”的营销原则。从理论上来看，这是正确的，可是在实践中却并非如此。

2. 盲目要求终端上货数量

有些企业认为，出货量越多，意味着终端货物越多。可是，上货数量代表着终端陈列面积，虽然可以吸引消费者的眼球、拉动消费者的购买力，但新产品的售后服务依然处于第一位。

3. 盲目追求低价格

有些人认为，质优物美、价格低的产品，一定好卖，销量大，所以把新产品的价格定得很低。可是，事实上并不是这样。新产品上市后，消费者并不知道它到底应该卖多少钱，在没有同类竞品比较时，更是这样。

4. 盲目追求广告量

广告宣传对于产品销售有促进作用，新产品上市后宣传必不可少。可是，在低利润时代过多地投入广告，只会让消费者觉得买产品就是在付广告费。

5. 盲目追求品种的多而全

有些企业认为，只有多品位、多品种、多规格的产品，才能满足不同的消费需求，适应市场细分的要求，于是盲目追求品种的多而全，这种认识也是错误的。产品，更需要小而精。

6. 盲目追求推广费

有些企业认为，推广费用越多，终端就会越卖力推荐，经销商就会大量进货，业务员就会卖力工作。可是，结果完全相反！终端价格混乱，经销商追求高利润，业务员一味追求供货量，造成货物的过度积压，最终新产品的推广费没有了，产品也死了。

7. 盲目追求促销活动

促销活动是新产品上市推广的常用手段，是对推广费用的一种有效补充，主要对象是消费者，目的在于吸引消费者购买和尝试新产品，很多人对促销力度和促销时间都有错误认识，盲目追求促销活动，会给产品推广带来负面影响。

附表：

年度新产品推广计划

<table>
<tr><td rowspan="9">新产品的推广步骤</td><td colspan="2">1. 选择新产品推广的时机</td></tr>
<tr><td colspan="2">2. 减少推广风险</td></tr>
<tr><td colspan="2">3. 选择推广方式</td></tr>
<tr><td colspan="2">4. 做好推广前的动员与预热</td></tr>
<tr><td rowspan="3">5. 做好渠道衔接与把控</td><td>1. 选择销售渠道</td></tr>
<tr><td>2. 建立分销结构</td></tr>
<tr><td>3. 把握渠道促销原则</td></tr>
<tr><td colspan="2">6. 进行产品铺市</td></tr>
<tr><td colspan="2">7. 启动消费者拉动，做好新产品促销</td></tr>
<tr><td rowspan="7">新产品推广的七大误区</td><td colspan="2">1. 盲目追求铺货率</td></tr>
<tr><td colspan="2">2. 盲目要求终端上货数量</td></tr>
<tr><td colspan="2">3. 盲目追求低价格</td></tr>
<tr><td colspan="2">4. 盲目追求广告量</td></tr>
<tr><td colspan="2">5. 盲目追求品种的多而全</td></tr>
<tr><td colspan="2">6. 盲目追求推广费</td></tr>
<tr><td colspan="2">7. 盲目追求促销活动</td></tr>
</table>

第8章

采购部年度计划的制订

8.1 采购价格的年度管理计划

随着企业改革的不断深化，市场竞争变得越来越激烈，企业在提高产品产量和保证产品质量的前提下，要以价格取胜。所以，企业除了要加强管理、降低生产成本、优化组织结构外，更应该注重降低产品的采购成本。而企业中各个部门购进的设备、原辅材料、建筑材料、各类商品和其他物资，在不同方面会对产品生产成本和产品质量产生影响。

企业由众多相互联系、相互制约的部门构成，在企业管理过程中，之所以会出现失控情况，一般都是因为直接管理人、财、物和供产销权力等重要岗位与环节出现了问题，因此一定要重视采购价格的确定。

8.1.1 采购价格的确定方法

一般情况下，确定企业采购的价格主要有三种方法：

方法	说明
招标采购	对资金占用相对比较多、影响面比较广的物资可以采取招标采购的方法。这需要制定一个招标采购的制度，设立一个招标工作小组，通过发标、开标、评标和定标等环节，最终确定中标的结果，签订合作合同，确定采购价格的标准与依据
比价采购	对临时或开发改造的物资，可以选择三家及以上的供方报价，通过比价确定其价格，并从中选择良机和最适合的价格。议价需要主要考虑的是产品品质、交货日期和售后服务等
成本分析	对于没有采购经验的人来说，自然无法确认新材料的底价；供货商相对单一，也无法确认报价的合理性，这时就可以采用成本分析法确定采购价格。具体过程是先对供应商所提供的报价成本进行估计，并经过审查和评估等环节，最终确定成本是否合理

8.1.2 加强采购价格管理的措施

如果想加强采购价格的管理，可以采用的方法主要有这样几个：

1．完善采购价格的管理制度

要想对采购价格进行管理，首先要完善采购价格的管理制度，合理地规范采购活动，这样不仅可以提高采购工作效率，还可以明确采购人员的职责与权限。

通过对采购价格的管理，可以实现采购模式公开化和采购权力分散化，以市场价格的浮动对采购价格进行制约，避免采购人员利用自己的权力擅自确定物资的采购价格，做好对采购价格的监督。

2．构建物资采购价格的信息公众平台

采购部门要定期进行市场调研，对采购商品价格和价格波动情况做到心中有数，如此不仅可以帮助企业在价格谈判或间隔监督中处于有利地位，还可以避免采购过程中出现走后门暗箱操作的情况。同时，采购价格信息平台还能为采购人员的绩效考核提供大量依据，完善采购工作制度，并根据提供的信息继续预测价格趋势，保证采购和库存最大程度的优化。

3. 严格把关采购环节，降低采购价格风险

首先，采购部要和供应商建立良好的合作关系，随时了解市场价格的变化趋势，努力控制采购价格，降低价格风险，实现双赢；其次，对于采购的各环节要严格把关，保证采购工作可以支撑企业生产的需求，最大程度地降低采购成本。

4. 对采购队伍做培训

采购部要做好人员培训工作，帮助采购人员快速掌握采购知识，提高采购人员的责任感，调动起他们工作的积极性和主动性，提高采购工作的效率和水平。

附表：

采购价格年度管理计划表

<table>
<tr><td rowspan="3">采购价格确定方法</td><td>1. 招标采购</td></tr>
<tr><td>2. 比价采购</td></tr>
<tr><td>3. 成本分析</td></tr>
<tr><td rowspan="4">加强采购价格管理的措施</td><td>1. 完善采购价格的管理制度</td></tr>
<tr><td>2. 构建物资采购价格的信息公众平台</td></tr>
<tr><td>3. 严格把关采购环节，降低采购价格风险</td></tr>
<tr><td>4. 对采购队伍做培训</td></tr>
</table>

8.2 采购进度的年度控制计划

何为采购进度管理？具体是指以实际需求为基础，以相关执行要求为依托，对需求物资的合同签订、采购定价、采购下单、物资到货等涉及的所有采购过程，进行合理的控制。

8.2.1 采购进度控制的内容

降低库存成本也是在节约企业采购成本。通常，确定采购进度控制内容，要从以下方面着手（图 8-1）：

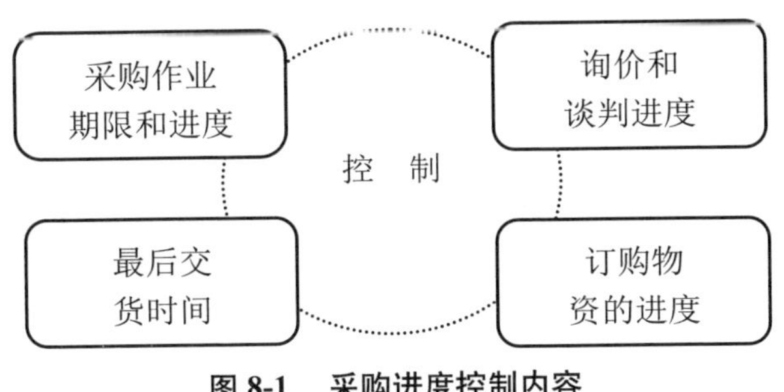

图 8-1　采购进度控制内容

1. 采购作业期限和进度控制

采购部门管理者应该对国内外采购物资的程序设定采购作业的期限，将采购地区划分为各个区域，例如亚洲地区、欧美地区和国内地区，之后根据实际情况为各采购作业程序设定所需时间。

（1）进度控制。对采购进度的控制有两种情况：一种是内购作业，可以分为询价、订购、交货三个管制点；一种是外购作业，可以分为询价、订购、装货、到货四个管制点。

（2）每一控制要点完成后，采购跟单员要将实际完成日填入采购进度控制表，并录入到下一阶段预定进度。

（3）遇到逾期没有完成的作业，需要由采购人员填写采购交货延迟检讨表，并做出相关补救办法的提议，送请购部门询问意见，方便及时采取相应措施。

2. 询价和谈判进度控制

严格监督采购人员的询价、谈判进程，确定不延误采购的时间。比如在收到请购单后，将请购部门限定的进货日期和采购经办人员所预定询价最后日期填入采购进度管制表。

3. 订购物资的进度控制

订购进度管理工作包括订单的跟催，比如根据采购合同或订单催促供应商发货，并运用一些物流软件追踪货物运输情况，跟催相关部门对样品的最终确认结果，并在规定时间内回应供应商。

当采购物资出现不可忽视的问题，比如质量问题，就要协助采购人员和供应商进行沟通，用最快的速度进行补救，并填报物资交货异常信息反馈日报表。

4. 最后交货时间控制

对交货时间进行控制的主要目的是为了保证交货的最后时间，因此一定要在规定的时间内，提供生产所需要的物料，保障合理生产成本目标的实现。

交货时间的控制，需要工作人员将请购、采购、供应商生产、运输和进料验收等作业所需的时间提前规划好，作为各部门的参照；同时，要预先确定交期和数量，让各部门做到心中有数。

8.2.2 加强采购进度的方法

如何加强采购进度呢？可以采取的措施有：

1. 建立标准化的管理体系

如果想加强采购进度，就要建立标准化的管理体系。要想建立标准化的管理体系，首先要加大物资采购进度、宣贯执行力度，这样不仅可以有效提高物资采购进度管理，还可以提高采购人员的物资标准化意识，各物资采购部门也可以通过宣传培训，适时开展标准化知识培训、技能培训、规划物资采购人员的操作程序，加强各物资采购部门执行标准的能力和自觉性，建立一批具有标准化物资采购的采购队伍。

另外，还需要建立标准化的动态管理机制，定期对物资采购的标准化、合理化进行监督检查，严格把控企业物资采购的动态，确保购置的物资达到管理要求。

2. 建立市场信息采集系统

随着科学技术的不断进步，信息技术逐渐被广泛运用于各行各业。信息技术具有便捷性、大容量性和系统性，所以采购部在进行物资采购管理时，可以将信息技术有效地应用于物资采购进程管理中，形成采购统一化，通过对需求部门的数据信息管理记录、限额和对信息的反馈，与供应商进行便捷地沟通，进一步加强对采购进度的管理和控制。

附表：

采购进度的年控制计划表

采购进度控制的基本内容	1. 采购作业期限进度控制
	2. 询价和谈判进度控制
	3. 订购物资的进度控制
	4. 最后交货时间控制
加强采购进度的方法	1. 建立标准化的管理体系
	2. 建立市场信息采集系统

8.3 采购质量的年度控制计划

何为采购的质量控制？是指为了达到质量要求所需要采取的作业技术和活动，是采购管理的重要内容之一。采购质量管理是指对采购质量各部分的计划、组织、协调与控制，通过对供应商的质量评估与认证，建立采购管理质量保证体系，保证企业的物资供应活动。

采购的质量管理在采购部门的整体活动中十分重要，影响企业的生产成本和发展方向。

8.3.1 采购质量管理中存在的问题

在采购质量管理中，主要存在这样一些问题（图 8-2）：

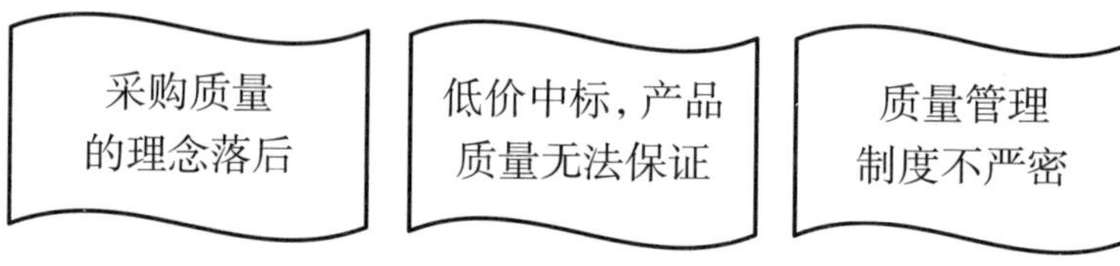

图 8-2 采购质量管理中存在的问题

1. 采购质量的理念落后

很多采购部门观念落后，服务意识不强，无法快速地适应市场经济发展的需求。很多采购部对质量漠不关心，更不会参与企业的长期规划发展，缺乏工作责任感，随意采购。

2. 低价中标，产品质量无法保证

在采购过程中，很多采购部会使用低价中标的方法，尽管压低价格，但也会让供应商利润空间慢慢变少，为了从中获取更多的利益，供应商自然会降低产品质量。因此，在采购过程中，会存在低质产品，质量无法得到合理有效的保证。

3. 质量管理制度不严密

企业在采购时，相关人员通常只是机械地完成任务，对现有的产品质量没有全面的了解，对产品的质量把握也不准确，因为质量检验管理制度不严密，一些采购人员在设备采购时对业务知识没有掌握，也没有一个严格的标准来指导采购人员按照设备采购标准进行采购，所以常常会出现质量问题。

8.3.2 采购质量管理的方法

对采购质量的管理，可以采用这样一些方法：

1. 制订质量计划

采购现代商品，不仅要购买商品本身，还需要购买供应商在产品设计、质量控制、技术制造工艺等方面的服务。想要快速有效地购买供应商的这种服务，就要把供需双方的能力对等协调起来，方法之一就是制订统一的联合质量计划。

2. 向供应商派常驻代表

为了直接掌握供应商商品质量的具体状况，采购方可以向供应商派出常驻代表，向供应商提出商品质量要求，明确对供应商的质量管理具体情况，比如质量管理机构的设置，质量体系的建立与实施，产品生产、包装、设计、检验等情况，尤其是对出厂前的最终检验和试验进行监督，对供应商出具的质量证明材料等，进行严密核实与确认。

3. 定期或不定期监督检查

采购部门要根据实际情况派技术人员或专家，对供应商进行定期或不定期的监督检查。监督检查并不是不相信供应商，而是为了更全面地把握供应商的综合能力，规避风险，及时发现供应商的薄弱环节并帮助其改善，从体系上保证供货质量。

4. 及时掌握供应商生产状况的变化

企业内外部环境每时每刻都在不断变化，供应商的生产状况也会随之产生变化。采购部门应该全面深刻地了解企业内外部环境的变化情况，若是生产状况发生了重大变化，可以要求供应商及时向采购方报告。

5. 定期排序

之所以要对供应商进行定期排序，根本目的在于评估供应商的质量和综合能力，为供应商的留存更换提供决策依据。

6. 帮助供应商导入新的质量体系和管理方法

为了有效地、合理地控制采购商品的质量，采购部门应该对供应商导入自己多年总结的先进质量管理手段和技术方法，主动为供应商提供帮助和指导，提升供应商的质量管理水平和技术水平，增强质量保证能力，这样做，不仅有利于供应商的发展，还能促进自身的发展。

对供应商提供帮助，主要目的并不是为了扩大生产能力，而是要提高他们的商品质量。以提高质量为中心，就能够帮助供应商组织有关人员的技术培训，进行设备的技术改造，实现检验的标准化与规范化。

附表：

采购质量的年度控制计划

<table>
<tr><td rowspan="3">采购质量管理中存在的问题</td><td>1. 采购质量的理念落后（ ）</td><td rowspan="3">备注：
分析后，如果企业确实存在其中的某类问题，就在其后面的括号里打“√”，以便改进</td></tr>
<tr><td>2. 低价中标，产品质量无法保证（ ）</td></tr>
<tr><td>3. 质量管理制度不严密（ ）</td></tr>
<tr><td rowspan="6">企业加强采购质量控制的方法</td><td colspan="2">1. 制订质量计划</td></tr>
<tr><td colspan="2">2. 向供应商派常驻代表</td></tr>
<tr><td colspan="2">3. 定期或不定期监督检查</td></tr>
<tr><td colspan="2">4. 及时掌握供应商生产状况的变化</td></tr>
<tr><td colspan="2">5. 定期排序</td></tr>
<tr><td colspan="2">6. 帮助供应商导入新的质量体系和管理方法</td></tr>
</table>

8.4 采购结算的年度管理计划

采购结算是企业供应部的基本职能之一，主要工作是根据生产、设备、总务和检验等各部门的物品需求计划，编制与它相配套的采购计划，并进行具体实施，保证经营过程中的物资能够得到充足供应；负责办理购进物资到货后的相关货物入库手续，对不合格产品给予适时退货。因此，在制订年度经营计划时，一定不能忽视采购结算！

8.4.1 采购结算操作流程

采购结算，通常要经过这样几个流程：

1. 收到供应商结算单和 EXCEL 对账单，核对 EXCEL 对账单和仓库结算单是不是一致。

2. 核对供应商结算单数量、金额、单价是否一致，如果不一致，就把结算单返回，双方查找具体原因仔细核对，直到双方保证确认结算单无误。

3. 根据对账结果，开出付款申请单，并附上付款申请表。

4. 查看企业往来挂账是不是相符合，财务主管进行稽核。如果相符，则要提交付款申请到财务部进行审批。

5. 出纳做采购付款处理，并登记日记账。

6. 会计做应付款处理，冲销供应商账款，并登记明细账。

7. 查看总账与明细账核对应付款是否一致。

8.4.2 采购结算核对注意事项

采购结算核对的时候，需要注意下面几点（图 8-3）：

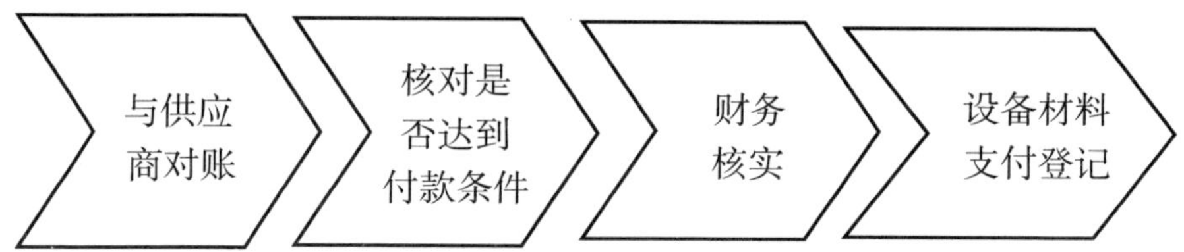

图 8-3　采购结算核对的注意事项

1. 与供应商对账

与供应商对账的时候，要注意两个问题：

（1）核对供货清单是不是为收货方委托人员签字。

（2）检查供货清单名称、数量、规格与采购合同清单或订单是不是一致。如果不一致，要标明不一致的原因。

2. 核对是否达到付款条件

（1）严格按规定审核是不是达到支付条件。

（2）达到付款条件后，才可以填报付款申请表。

3. 财务核实

（1）核对供货清单和入库清单是不是一致，如果不一致，要查明原因。

（2）检查货物票据类型、明细和金额是不是正确。

（3）核实是不是可以达到采购合同约定的付款条件。

4. 设备材料支付登记

（1）财务部、采购经办人要及时登记款项和支付金额、支付时间等信息。

（2）现款支付的一些细碎材料款，由采购经办人及时登记款项的支付金额、支付时间等信息，定期提交给财务部门进行审核。

附表：

采购结算年度管理表

采购结算流程	1. 收到供应商结算单及 EXCEL 对账单
	2. 核对供应商结算单数量、金额、单价是否一致
	3. 根据对账结果，开出付款申请单，并附上付款申请表
	4. 查看企业往来挂账是不是相符合，财务主管进行稽核
	5. 出纳做采购付款处理，并登记日记账
	6. 会计做应付款处理，冲销供应商账款，并登记明细账
	7. 查看总账与明细账核对应付款是否一致
采购结算核对注意事项	1. 与供应商对账
	2. 核对是否达到付款条件
	3. 财务核实
	4. 设备材料支付登记

8.5 采购外包的年度管理计划

2008 年全球爆发了大规模经济危机，让很多中小企业意识到了增强自身风险控制意识的重要性，尤其是沿海的大部分企业，将采购业务外包给了专业的采购服务商。这样，既可以帮企业节约固定投资，又可以降低采购成本和运营成本。

专业的事需要交给专业的人去做！采购外包对于中小企业来讲，不仅能降低采购成本、减少人员投入、减少固定投资，还可以有效降低采购风险、提高采购效率。对于中小企业来说，采购外包是降低成本的最优方式！

8.5.1 采购外包管理中遇到的障碍

成功的采购外包策略能够帮助企业降低采购成本、提高采购业务能力，同时还可以改善采购质量和提高采购利润率。但是，其在实施时总会遇到许多棘手的问题。这一点，在制订采购外包年度计划的时候，一定要有清楚的认识。

障碍	说明
对人不信任	自力更生的传统经营理念、肥水不流外人田等竞争观念成为众多中小企业拒绝合作的借口，外部资源利用率非常低。对自身利益的考虑和对旁人的不信任，是造成企业不采用采购外包的主要原因
采购外包会给采购部造成压力	假如采购人员知道自己的工作被“外包”仅仅是时间早晚的问题，就会使他们丧失对企业的信心，丧失努力工作的动力，导致职业道德和业绩水平逐渐下降
信息传递工具落后	采购外包是供应链企业采购合作方式和委托代理实现的发展方向，供应链企业必须大量利用先进的信息通信手段，但是很多企业的信息传递工具落后
法律信用体系不健全	在采购外包活动过程中，法律体系不健全，信用体系不完善，无法合理运用科学的合作对策

8.5.2 采购外包的管理流程

采购外包管理由 3 个步骤组成（图 8-4）：

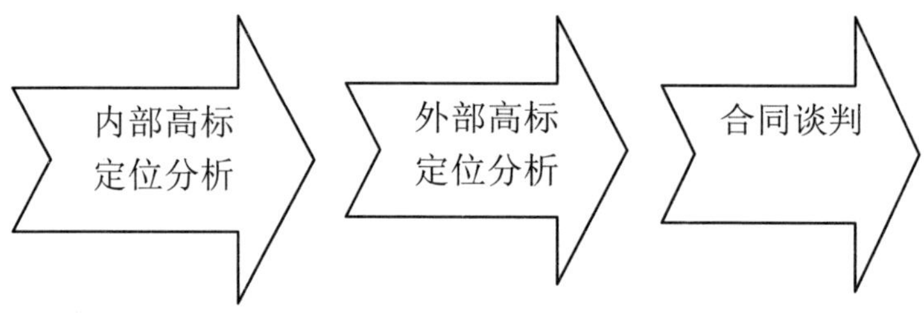

图 8-4　采购外包管理流程

1. 内部高标定位分析

内部高标定位分析主要是分析业务的内部效率。第一，要明确企业的核心竞争力是什么，例如，宝洁公司的核心技能领域是它的市场营销领域，3M 公司的核心技能领域是它的精密涂层和聚合物等相关技术领域。

第二，要明确管理和采购外包服务供应商的关系。

2. 外部高标定位分析

外部高标定位分析其实就是怎么选择采购服务提供商，采购外包的企业能够选择单一或多个供应商联合组成供应商，分别对应三种采购服务提供商：单一服务提供商、多个服务提供商和整合服务提供商。

3. 合同谈判

合同谈判是前面两点分析和决策的最终结果。因为书面合同非常繁琐，并且缺乏审计价格和服务资源，所以业务外包通常带有隐性成本。在一些特殊的情况下，外包采购、物流、IT 系统、制造和其他业务功能所带来的成本节约只能占到外包合同所承诺的 5%~10%。所以，在与外包公司签订合同的过程中，要包含供应商的定价、季度物料清单成本的更新等。

8.5.3 加强采购外包的措施

如何才能加强采购部的外包工作呢？在实施采购业务外包时，需要进行一系列的准备工作。

1. 改进采购部的管理模式

有些采购部无法很好地实施采购外包，是因为一些历史原因。很多传统企业都是大而全的小社会，特别是企业资产规模和生产能力规模通常决定着企业领导行政级别的高低，因此很多企业都野心大，不顾实际地盲目扩张。要想提高采购外包效果，就要在核心竞争力上下功夫，多关心企业的持续竞争优势。

2. 提高核心竞争力

成功企业都有自己独特的核心竞争力，实施外包，最重要的是善于识别自己的核心竞争力。因此，如果想采取采购外包措施，就要识别、培育和提升企业的核心竞争力，让采购外包有效运作。

3. 积极建立学习型组织

随着知识经济的到来，学习型组织已成为企业提高竞争力和开展创新活动的必要条件。因此，采购部一定要加强员工的学习和培训，鼓励他们多利用业余时间学习新知识，如此才能满足采购外包工作的需要。

4. 注重流程管理

采购外包的重点不在外包业务，而在于管理。要想处理好内部流程和外部流程，就要把外包企业的核心能力和承包企业的核心能力有效地统一整合起来。

附表：

采购外包的年度管理计划

采购外包中存在的障碍	1. 对人不信任（ ）	备注： 分析后，如果企业确实存在其中的某类问题，就在其后面的括号里打“√”，以便改进
	2. 采购外包会给采购部造成压力（ ）	
	3. 信息传递工具落后（ ）	
	4. 法律信用体系不健全（ ）	
加强企业外包管理流程	1. 内部高标定位分析	
	2. 外部高标定位分析	
	3. 合同谈判	
企业采购外包管理的措施	1. 改进采购部的管理模式	
	2. 提高核心竞争力	
	3. 积极建立学习型组织	
	4. 注重流程管理	

8.6 年度供应商的开发与管理

随着科学技术的进步和生产力的发展，人们的消费水平和对产品、服务的要求不断提升，企业之间的竞争也逐渐激烈、面临非常严峻的挑战。所以，单个企业孤军奋战已经没有办法生存下去，为了应对这种改变，就要不断调整自己的供销关系，实施与业务伙伴合作的供应链管理。

供应商管理是这种合作的重要方式之一，选择优秀的供应商和维持稳定的合作关系将成为企业最大的竞争力。因此，做好供应商的开发和管理，成为采购部门的一项重要工作。

8.6.1 供应商开发的流程

为了开发供应商，可以采用这样的流程（图 8-5）：

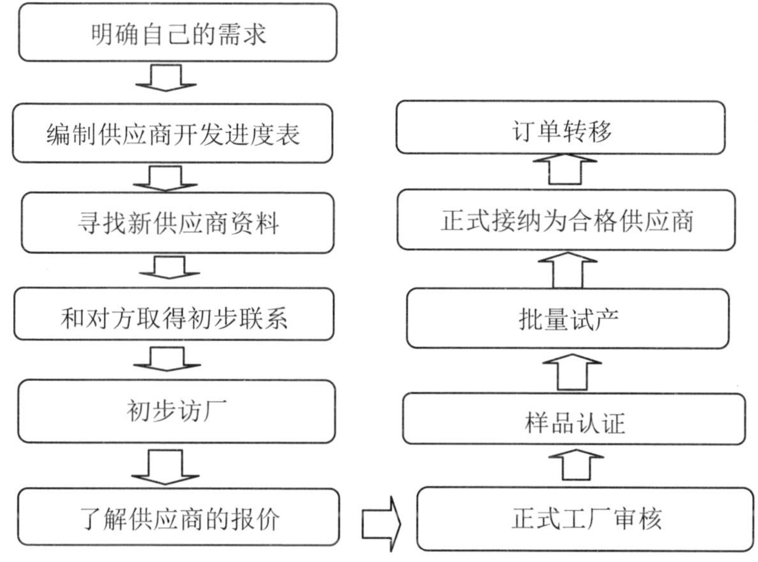

图 8-5　供应商开发的流程

1. 明确自己的需求

开发新的供应商，首先要明确自己究竟想要什么样的供应商，比如要求什么时间开发成功；需要什么品种的原材料或零部件；年 / 月需求量是多少；想要开发什么性质的企业作为供应商；要求供应商具备什么样的生产能力和品质水平；是否必须是本地的供应商，还是远近都可以等。

2. 编制供应商开发进度表

一旦知道了自己的需求，就要按照开发供应商的步骤编制一份时间进度表。如此，不仅可以使开发新供应商的具体工作明确化，还可以最大程度地减少计划日期被拖延的可能性。

3. 寻找新供应商资料

明确了对新供应商的需求之后，就可以按照编制的进度表进行具体开发工作了。开发新的供应商，首先要寻找新供应商的资料或信息，这一步缺一不可。

4. 和对方取得初步联系

找到目标后，就可以使用合适的方法和供应商取得联系。一般情况下，第一次沟通要尽量使用电话，要和供应商的具体负责人说清楚联系的目的、自己的需求，并初步明确该供应商的产品。

5. 初步访厂

取得联系后，在对方许可的条件下，可以对对方进行初步的访问。主要是参观供应商的生产区和办公区，比如生产线的生产情况、仓库、检验及测量仪器、生产设备、5S 状况等，此外还要对供应商的财务状况做初步了解。

6. 了解供应商的报价

在初步掌握供应商的基本资料后，要了解供应商可以以什么样的价位提供物料。当然，供应商对你有了一定的了解，会将报价直接提供给你。

7. 正式工厂审核

在与供应商议价后，采购方通常都可以获得满意的价格。假如购买的是关键物料，除了特殊情况之外，还要安排正式的工厂审核，这样才能准确、充分地掌握供应商的工程技术能力、财务状况、品质保证等基本信息。

8. 样品认证

解决了上面几个问题之后，要让供应商提供一定数量的样品以供检验、装配和确定供应商的产品是否可以被接受，这是开发新供应商过程中的一个重要环节，不能忽视。

9. 批量试产

样品经过认证，并不意味着供应商就可以批量供货了。这时候，还要向供应商订购一定数量的物料进行批量试产。只有在较大数量的样品通过评估后，样品评估环节才算真正完成。

10. 正式接纳为合格供应商

如果对方的工厂审核和样品评估都达到了你的要求，那么可以将此供应商接纳为企业合格的供应商，将对方加入到企业合格供应商的清单中。

11. 订单转移

假如有供应商在供货，新供应商开发成功后，就要考虑应该怎样分配的问题。具体来说，新供应商的订单最好逐步增加，这样即使新供应商在磨合期中出现了问题，也不会影响企业的正常生产。如果新供应商供货时间超过三个月，就可以将它与老供应商进行比较，选取综合服务水平高的供应商，为其提供较多或大部分订单。

8.6.2 供应商管理：建立双赢的合作管理模式

对于供应商的管理，需要建立一种双赢的合作模式，具体方法为：

1. 建立供需双方的信息交流共享机制

（1）供需双方要不时地做一些有关成本、市场动态、质量控制等信息的交流和沟通，保持信息的一致性与准确性，便于价格的确定和质量把关。

（2）双方要及时对所需物资的质量变化、设计改变、工艺变化等提出新要求，并告知对方，以便供应商适时做出调整，满足需方的要求。

（3）供需双方应该进行互访，互相沟通，及时发现和解决在合作过程中出现的问题与困难，形成融洽的合作氛围。

2. 适时对供应商进行激励

如果想保持长期合作关系，就要适时对供应商进行激励。没有有效的激励机制，也就无法维护良好的供需关系。

3. 对供应商给予合理的评价

对供应商给予合理评价非常重要。评价要抓住关键绩效指标与问题，例如，交货质量是不是有所改善、交货的准时率是不是有所提高、服务是不是有所改善、价格是不是有所下降等。

4. 建立健全供应商档案

为了全面掌握公司各供应商的具体情况，对供应商进行相应的资质评价，要对各供应商按重要性和一般性建立供应商档案。

附表：

年度供应商的开发与管理

供应商开发的流程	1. 明确自己的需求
	2. 编制供应商开发进度表
	3. 寻找新供应商资料
	4. 和对方取得初步联系
	5. 初步访厂
	6. 了解供应商的报价
	7. 正式工厂审核
	8. 样品认证
	9. 批量试产
	10. 正式接纳为合格供应商
	11. 订单转移
加强供应商管理的双赢模式	1. 建立供需双方的信息交流共享机制
	2. 适时对供应商进行激励
	3. 对供应商给予合理的评价
	4. 建立健全供应商档案

第9章

生产部年度计划的制订

9.1 年度生产计划

生产部门的年度生产计划是指企业对生产活动的计划、组织和控制。广义的生产计划管理以企业的生产系统为对象，包括与产品制造密切相关的各方面工作。也就是说，从原材料设备、资金、人力等的输入，经过生产转换系统，直到产品最后的输出。

9.1.1 生产计划管理内容

要想制订年度生产计划，首先要明确生产计划的内容主要有哪些？概括起来，主要包括市场预测、具体的编制计划、贯彻执行计划、生产能力测算和检查调整计划等内容。按照这一步骤，生产计划管理的工作内容主要包括以下几点：

1. 编制生产计划的准备工作

编制生产计划之前，需要做一些准备工作，比如预测生产计划期内的基本市场需求、核算企业的生产能力、确定生产计划、提供外部需要和内部可能依据。

2. 确定生产计划的重要指标

做完准备之后，就要明确生产计划的重要指标了。要想综合平衡地确定和优化生产计划指标，首先要满足市场需要，其次要充分利用各种资源提高经济效益。生产决策的计划指标主要体现在以下几个方面：

（1）产品品种指标。

产品品种指标是指某些时期内规定生产产品的名称、规格、型号和种类。这种品种指标不仅反映了满足社会需求能力的情况，还反映了企业的生产专业化水平和生产管理水平。

（2）产品产量指标。

所谓产品产量指标是指在一定时期内生产的、符合产品质量要求的实物数量。确定生产计划的重要指标，不能忽视了这项内容。

（3）产品质量指标。

作为衡量生产制造、企业经济状况与技术发展水平的重要标志之一，产品质量受许多质量参数的影响。对质量参数要求的具体规定是质量技术要达到标准。质量标准包括国家标准、国际标准、企业标准、企业内部标准、部颁标准等几种形式。

（4）产品产值指标。

产品产值指标包括三种：工业总产值、工业商品产值和工业增加值。

指标	说明
工业总产值	指的是在报告期内生产的工业产品总量的具体货币表现。工业总产值反映的是一定时期内工业生产总值的规模和总水平的数据指标
工业商品产值	指的是在一定时期内生产的预定发售到企业外部的工业产品的总价值，是能够得到的具体货币收入
工业增加值	指的是在报告期内以货币表现的工业生产活动的最后成果。工业增加值以社会最后成果为计算依据，工业总产值要以企业的最后成果作为计算依据

3. 综合平衡生产计划

具体包括认真计算核定生产能力，把生产进度安排好，确定生产任务的指标，妥善安排产品生产的进度。不仅要保证生产指标的及时完成，保证产销衔接流畅，还要保证生产秩序与工作秩序的稳定。

4. 正式编制生产计划

正式编制生产计划具体包括编制生产计划的指导思想与主要依据；预计年度生产计划完成情况；产值增长水平、计划年度产量和生产进度安排；实现计划的有利条件与不利因素，存在的问题和解决措施。

9.1.2 加强生产计划管理措施

为了加强生产计划的管理，要做好下面几个工作：

1. 对订单交期预测

在整个程序中，可以对其中的某个订单的采购执行情况进行具体查询，同时还要分析出采购问题对生产计划产生的影响。如此，工作人员就会对之后的生产计划产生的影响有大致了解，方便生产计划的调整，合理地进行模拟，减低不良影响。

2. 对生产计划进行模拟、调整

通过对订单交货时期的预测，对采购计划的执行情况做出详细的分析。假如确实有调整生产计划管理的需要，工作人员就能对生产计划进行模拟，对生产计划做出有效合理的调整了。

3. 控制产品的生产进度

对于车间生产计划，能够使用生产进度控制模块进行有效的管理。如此，在工作中心计划中，就可以清楚地了解各工作中心的生产计划安排与负载；就可以对生产状况进行分析，查询到产品制造的进度。

4. 对项目进程监控

从以往与企业接触的经验来分析，虽然客户不一定都对订单交期非常苛刻，但一定不能出现交货期推迟的情况。客户对企业的要求是必须给出确切的信息，例如无法交货，是生产进度的问题，还是其他的什么原因？客户要知道，我的订单现在处于什么步骤，还有那些工作需要进行？

附表：

年度生产计划表

<table>
<tr><td rowspan="7">生产管理的内容</td><td colspan="2">1. 编制生产计划的准备工作</td></tr>
<tr><td rowspan="4">2. 确定生产计划的重要指标</td><td>1. 产品品种指标</td></tr>
<tr><td>2. 产品产量指标</td></tr>
<tr><td>3. 产品质量指标</td></tr>
<tr><td>4. 产品产值指标</td></tr>
<tr><td colspan="2">3. 综合平衡生产计划</td></tr>
<tr><td colspan="2">4. 正式编制生产计划</td></tr>
<tr><td rowspan="4">加强生产管理的措施</td><td colspan="2">1. 对订单交期预测</td></tr>
<tr><td colspan="2">2. 对生产计划进行模拟、调整</td></tr>
<tr><td colspan="2">3. 控制产品的生产进度</td></tr>
<tr><td colspan="2">4. 对项目进程监控</td></tr>
</table>

9.2 物料管理年度计划

企业生产制造环节的物料管理是企业生产管理中非常重要的一个环节，对增强企业自我竞争能力、提高企业的经济效益起到积极的作用。良好的物料管理不仅实现企业经营的目标，还可以达到良好的社会效益。

物料管理的内容包括物料的编号、物料计划和物料存量的管制，请购与采购管理，发领料、退料、催料管理等。进行有效的物料管理，要求保管人员必须熟悉库存物料的来源、用途和保管方法，符合安全生产与定置管理的标准与要求。对于那些对储存有要求的物料，应该采用合理有效的特殊定置管理方法，保证物料的安全与质量。

9.2.1 生产物料控制及其流程

因为管理方式落后或其他一些原因，造成很多企业物料控制出现了很多问题。物料管理大多局限于仓库管理，与生产、技术、销售等职能部门的沟通比较少，工作效率低下，为了保证生产的正常进行，企业会加大库存量，结果却大大增加了库存成本。

为了减少这种情况的出现，在生产过程中，生产部门要做好生产物料的控制。通常，生产物料管理要遵循以下流程：生产指令单—查材料库存量—物料采购申请—PMC 主管审核—物料采购实施—物料交期控制—物料接收 / 贮存—仓库备料发放—生产退料 / 补料—物料损耗分析—更新物料记录。

9.2.2 加强物料控制管理的措施

如果想加强物料的控制管理，生产部门就要在以下方面加大努力：

1. 科学规划生产

生产计划是生产管理的首要职能，不仅可以保证生产制造过程在时间与空间上的相互协调，还可以保证用最少的资源达成生产目标。

良好的生产计划对企业物料管理工作效率的提高有重要作用，科学合理的生产规划包括以下几个方面：

内容	说明
注重科学性与预见性	编制生产计划时，应该根据实际能力对计划执行中可能发生的问题做一个系统而充分的预见，之后采取有力措施，提高合理性和准确性，满足企业生产的实际情况
合理组织生产过程	合理组织生产是指把企业物流网络和生产制造过程中的物流、资金流和信息流进行优化组合，使生产制造可以协调发展、实现节材增效
保证计划的连续性与配套性	不仅要在空间上保持生产的衔接，还要在时间上合理安排当月应该达到的进度，预见下个月生产应该做什么准备
做到集中生产	组织生产时，应该最大程度地实现集中生产。要依据生产特点对不同零件进行分类生产，比如集中下料，以便于科学套裁，为企业节约资源

2. 物料采购过程的控制

物料管理工作的一个重要部分是采购，合理的采购计划对生产成本的控制有十分重要的意义。为了加强对物料采购过程的控制，可以从下面两方面做起：

（1）采购数量控制。

物料部门要依据实际生产状况、按照计划用量和库存量的变化，科学合理有效地控制采购量，并制订合理采购间隔时间与采购批量。

（2）采购价格控制

采购不仅要经过对询价、议价等多种方式的综合分析，还要设置价格监督员，独立于采购部门，以便对物料购价全过程监控。

3. 物料保管的控制

物料保管是对企业生产能够用到的材料在投入生产或正在生产的产品存放所采取的一些措施与手段，是物料管理的重要部分，甚至可以直接影响到企业的物料管理水平。加强物料保管的控制十分必要，具体方法为（图 9-1）：

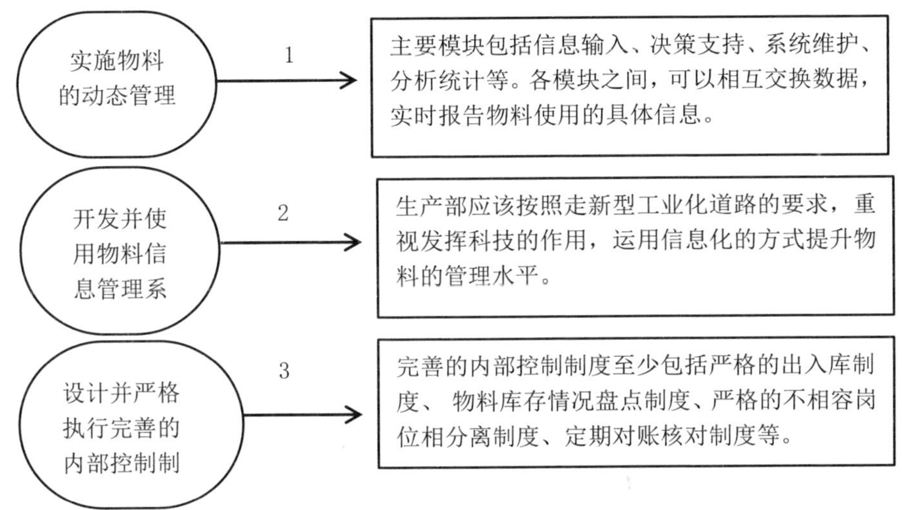

图 9-1　加强物料保管的方法

4. 物料生产过程的控制

所谓生产过程控制是指对原物料在产品和成品、在各车间和各工序间流转的过程进行严格的控制。具体措施包括以下方面 ：

（1）设置消耗额度并严格执行。

生产制造过程有时会出现一些产品的过度消耗，所以要严格按照不同产品零部件的投入产出比，制订合理的产品定额，争取做到占用合理，周转迅速，能根据实际情况做出及时调整。

（2）建立半成品库房。

为了保证半成品的安全性和完整性，要严格执行半成品入库单和出库单的填制制度。禁止车间或部门间私自使用半成品，对半成品库房进行监督与制约。

（3）加强成品的仓库管理。

企业要加强对成品入库与出库的管理，对于检验合格的产品应该及时入库，以防产品出现丢失或遗失；为了逐渐提高资产的安全性，要有经过主管领导部门核准签字后的出库单，成品才能够出库。

（4）建立废品库房。

成品的产生多半都伴随着半成品、边角余料及废品，因此在办理半成品和成品入库的同时，要将其产生的边角余料和废品等一同放入废品库房，库管员要按照消耗定额负责接收。

附表：

物料管理年度计划

物料管理的流程	生产指令单—查材料库存量—物料采购申请—PMC 主管审核—物料采购实施—物料交期控制—物料接收 / 贮存—仓库备料发放—生产退料 / 补料—物料损耗分析—更新物料记录	
加强物料管理的措施	科学规划生产	1. 注重科学性与预见性
		2. 合理组织生产过程
		3. 保证计划的连续性与配套性
		4. 做到集中生产
	物料采购过程的控制	1. 采购数量控制
		2. 采购价格控制
	物料保管的控制	1. 实施物料的动态管理
		2. 开发并使用物料信息管理系统
		3. 设计并严格执行完善的内部控制制度
	物料生产过程的控制	1. 设置消耗额度并严格执行
		2. 建立半成品库房
		3. 加强成品的仓库管理
		4. 建立废品库房

9.3 设备管理年度计划

通常，设备管理都是以设备为研究对象，追求设备的综合效率，通过一系列理论、方法、措施等，对设备的物质运动和价值运动进行科学管理，渗透在设备从规划、设计、选型、验收、使用、保养、维修、购置、安装、改造、更新到报废的全过程。

9.3.1 生产设备管理的内容

生产设备管理的主要内容包括：

主要内容	说明
设备的选择和评价	生产设备的管理，首先要根据技术、经济的合理性和生产需要，正确选择设备；同时，还要进行技术经济论证与评价，选择最佳方案
设备的使用	设备的使用管理是指针对设备自身的特点，正确合理地使用设备。这样做，不仅可以延长设备的使用寿命、减轻设备的耗损，还可以防止设备和人身事故的发生，避免设备的闲置
设备的检查、保养与修理	生产部门要仔细制订设备的检查、维护保养和修理等方面的计划，并运用先进的检修技术做定期检修与保养
设备的改造与更新	生产部要依据生产经营的规模、产品的品种和质量，发展新产品、改造老产品，有计划、有重点地对现有的设备进行改造和更新
设备的日常维护与管理	设备的日常维护与管理包括对设备进行分类、编号、封存、登记、事故处理、报废和技术资料管理等

9.3.2 生产设备管理的流程

明确了生产设备管理的内容后，在管理时，还应该要遵循以下流程进行管理（图 9-2）：

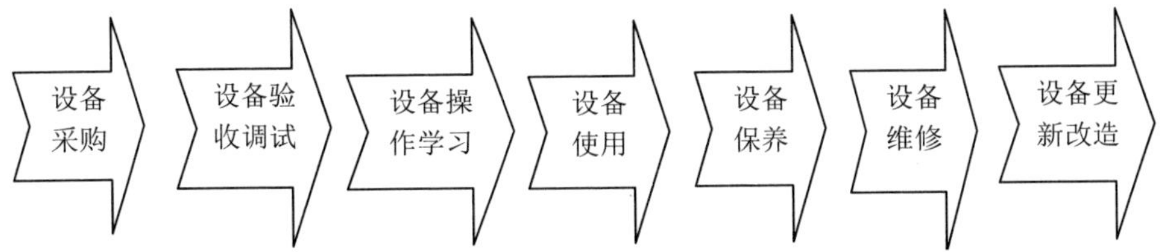

图 9-2　生产设备管理的流程

9.3.3 设备管理中存在的问题

在设备管理中，主要存在的问题有 ：

1. 工作人员素质较低

在设备管理中，人才流失严重，人员工作积极性不高、思想波动比较大，尤其缺乏中高级机械技师、工程师和富有经验的操作维修人员，是制约设备管理水平的重要原因。

2. 维修保养手段相对落后

在整个设备维修过程中，工作人员为了减轻自己的工作量，时常会推卸责任。很多时候，一些原本可以维修的机件却被更换为新的，工作人员变成了“换件工”。这种“以换代修”的局面现在非常普遍，对工作人员的技术提高与维修成本的控制非常不利，容易造成不必要的浪费。

3. 设备超负荷运转，故障频发

市场的激烈竞争和招投标工作的逐渐规范，使得施工项目被划分为许多标段，工期也相应缩短。为了在最短时间内完成一个项目，有些生产部门会让机械设备超负荷运转，小故障没有得到及时合理的检修，使得小故障变为大故障。

4. 设备更新换代滞后

工程项目低价中标后，生产部门为了减少项目的投入成本，不得不精简人员，忽视了新设备的更换。须知，购买新设备虽然会花费大量资金，可是对工作效率的提高却是非常有益的。

5. 体制不健全，责任分工不明确

有些企业的生产部门尽管制定了许多管理制度，例如《设备管理办法》《岗位责任制》《操作规程》等，但是，有些制度却存在很多漏洞，制度的执行往往会遇到很多阻碍，难以得到落实。

9.3.4 设备管理工作的改进措施

针对设备管理工作中既有的问题，生产部门要采取相应的措施，最大程度地加强设备管理工作，提高设备管理水平（图 9-3）。

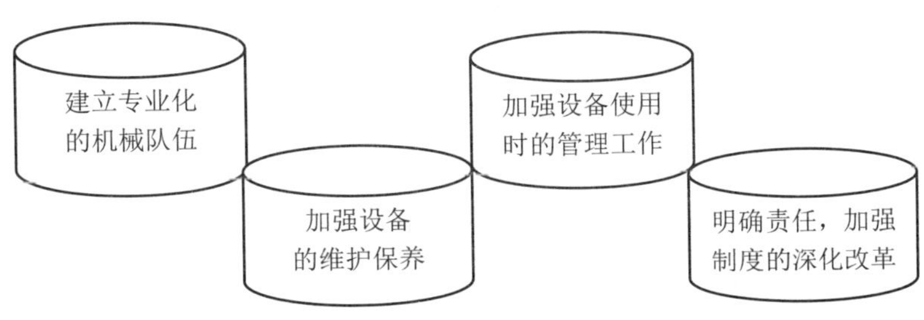

图 9-3 设备管理改进措施

1. 建立专业化的机械队伍

要想提高设备管理，首先要建立一支专业的机械化施工和维修队伍，加大人才的培训力度，提高工作人员的职业素养和技能。

2. 加强设备的维护保养

理论上说，生产部门应该牢牢树立合理使用设备、加强设备维护的思想，把设备的被动维修变为主动维修。为了做到这一点，要建立专业的设备维修保养机制，筹拨经费，配备先进的保养机具和维修检测仪器设备，定期对设备进行保养，让设备的最优利用率与项目管理者的薪资效益挂钩，避免以换代修、重用轻管和拼设备等现象的出现。

3. 加强设备使用时的管理工作

设备功能的发挥，关键在于使用环节。根据生产任务的特点合理调派机械，是现场管理的一项重要工作。企业的生产部门应该在施工现场配备专门的工作人员，让他们负责机械设备在施工方面的使用和保养，使机械设备一直处于完好状态，发挥最充足的效能。

4. 明确责任，加强制度的深化改革

企业的生产部门应采取管理和监督并举、激励和约束结合、管用修一体化的先进管理模式和管理办法，明确管理者、员工各自的工作内容和责任；对制订好的制度认真执行，将设备的维修与保养工作落实到位。

附表：

设备年度管理计划

<table>
<tr><td rowspan="5">生产设备管理的内容</td><td colspan="2">1. 设备的选择评价</td></tr>
<tr><td colspan="2">2. 设备的使用</td></tr>
<tr><td colspan="2">3. 设备的检查、保养与修理</td></tr>
<tr><td colspan="2">4. 设备的改造与更新</td></tr>
<tr><td colspan="2">5. 设备的日常维护与管理</td></tr>
<tr><td>生产设备管理流程</td><td colspan="2">设备采购—设备验收调试—设备操作学习—设备使用—设备保养—设备维修—设备更新改造</td></tr>
<tr><td rowspan="5">设备管理中存在的问题</td><td>1. 工作人员素质较低（ ）</td><td rowspan="5">备注：
分析后，如果企业确实存在其中的某类问题，就在其后面的括号里打“✓”，以便改进</td></tr>
<tr><td>2. 维修保养手段相对落后（ ）</td></tr>
<tr><td>3. 设备超负荷运转，故障频发（ ）</td></tr>
<tr><td>4. 设备更新换代滞后（ ）</td></tr>
<tr><td>5. 体制不健全，责任分工不明确（ ）</td></tr>
<tr><td rowspan="4">设备管理的改进措施</td><td colspan="2">1. 建立专业化的机械队伍</td></tr>
<tr><td colspan="2">2. 加强设备的维护保养</td></tr>
<tr><td colspan="2">3. 加强设备使用时的管理工作</td></tr>
<tr><td colspan="2">4. 明确责任，加强制度的深化改革</td></tr>
</table>

9.4 年度生产作业进度控制计划

什么是生产进度控制？所谓生产进度控制是指生产作业控制，在执行生产计划的整个过程中，生产部门要对有关产品生产的数量与期限进行有效控制，保证在规定的时间内完成生产作业计划。

9.4.1 生产作业进度控制的主要内容

生产进度管理是生产作业管理的一项重要内容，主要包括投入进度控制、出产进度控制、在产品占用量控制、工序进度控制。

1. 投入进度控制

所谓投入进度控制指的是有效控制投入物料的时间、数量和品种，使它符合生产作业计划的要求；同时，认真核查外围辅助保障是不是已经到位。具体内容包括生产环节、人力、技术措施、原材料、毛坯和零部件、运输车辆等是否按照规定日期投入。

从本质上来说，投入进度控制是一种预防性控制。假如投入不及时，生产就会中断，或赶工突击，必然会对成品的按时出产造成不良影响；假如投入过多，就会出现半成品积压的现象，严重影响企业的经济效益。

根据企业类型的不同，投入进度控制方法可以分为以下几种，如图所示（图 9-4）：

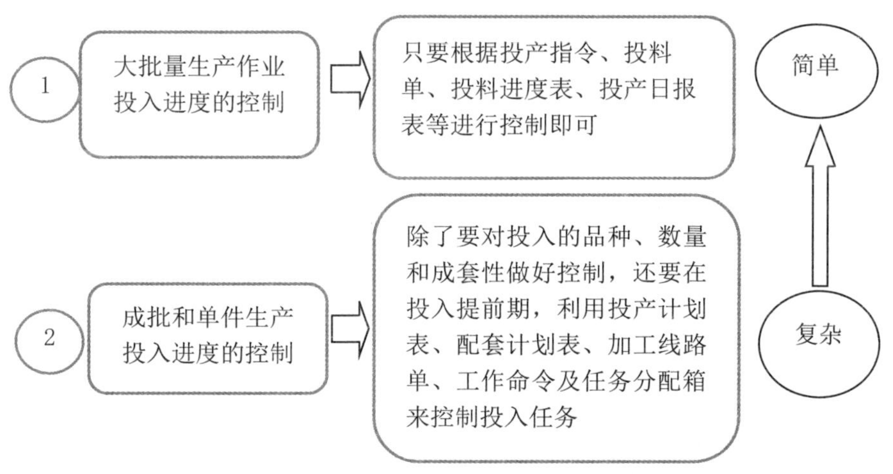

图 9-4　投入进度管理方法

2. 出产进度控制

出产进度控制是指对产品（或零部件）的出产日期、产品质量、出产数量、提前期、出产均衡性和成套性进行控制。出产进度控制是生产作业计划完成的前提，能够保证生产车间各生产部门的紧密衔接、保证各零部件能够出产成套，是保证均衡生产的行之有效的手段。

实施出产进度控制时，要把生产作业计划进度表和生产作业实际进度表放在一起进行比对。此外，不同的生产类型还可以采用不同的控制方法：

方法	说明
大量生产出产进度控制	用班组生产记录、班组和车间的生产统计日报等表格与出产日历进度计划表进行比较，控制每天的出产进度、计算出产进度与一定时间内的生产均衡度
批量生产出产进度控制	根据零部件标准生产计划、零部件日历进度表、出产提前期、零部件成套进度表与成批出产日历装配进度表等进行严格控制
单件小批生产出产进度控制	依据各项订货合同所规定的交货期进行合理的控制，直接利用作业计划图表用不同的颜色标出进度就可以

3. 在产品占用量控制

在产品生产的过程中，经常会出现很多在产品或半成品，这是生产的必然结果。在产品或半成品太少，说明上下工序、前后流程脱节，生产链出现中断；在产品或半成品过多，会形成流动资金的积压，极大地增加库存压力，更有甚者还会对生产流程的顺畅和生产经营效率造成负面影响。

4. 工序进度控制

所谓工序进度控制是指在生产过程中，对产品或零部件所需要的加工工序进度进行控制，主要是在成批或单件生产的情况下进行的控制。缺少了这项控制，生产作业的秩序就会变得混乱。

9.4.2 控制生产进度的措施

在整个年度生产作业计划中，要明确实施生产进度控制的措施，如：

1. 保证库存量

影响生产进度计划的原因，从根本上说是设备的有效作业时间不充足，影响了生产的整体进度。如按照计划，设备应该正常运转6.5小时/班，假如因为种种原因停产过多，运转时间不能达到6.5小时/班，必然会欠产。因此，如果想控制生产进度，首先要保证库存量。

2. 设备抢修

设备故障是造成很多企业欠产的最主要原因，减少设备的故障率、缩短设备修理的时间是控制生产进度的常用方法。为了有效降低设备的故障率，要建立一套完整并严格的设备检修保养制度。更换部件时，如果想缩短抢修时间，还要建立一个备品备件的仓库。

3. 合理加班

时间资源具有不可逆性，损失的时间是无法追回的，唯有通过加班补上，这样必然要追加很多加班工资。假如设备三班运转，就可以合理加班，损失就能挽回了。

附表：

年度生产作业进度控制表

<table>
<tr><td rowspan="7">生产作业进度控制的主要内容</td><td colspan="2" rowspan="2">1. 投入进度控制</td><td>1. 大批量生产作业投入进度的控制</td></tr>
<tr><td>2. 成批和单件生产投入进度的控制</td></tr>
<tr><td rowspan="3">2. 出产进度控制</td><td colspan="2">1. 大量生产出产进度控制</td></tr>
<tr><td colspan="2">2. 批量生产出产进度控制</td></tr>
<tr><td colspan="2">3. 单件小批生产出产进度控制</td></tr>
<tr><td colspan="3">3. 在产品占用量控制</td></tr>
<tr><td colspan="3">4. 工序进度控制</td></tr>
<tr><td rowspan="3">控制生产进度的措施</td><td colspan="3">1. 保证库存量</td></tr>
<tr><td colspan="3">2. 设备抢修</td></tr>
<tr><td colspan="3">3. 合理加班</td></tr>
</table>

9.5 年度质量控制计划

在生产型企业中，质量检验是非常客观的，不管是过去、现在抑或将来，严格质量检验制度、加强质量检验和质量监督工作是保证产品质量不可忽视也不可缺少的重要环节之一。这也是生产部门制订年度经营计划，不可或缺的一项内容。

9.5.1 生产过程的质量管理

生产的全过程指的是从市场调查开始，经过产品开发设计，原材料采购，产品工艺准备，从生产组织、检验、控制、包装入库到销售、服务一条龙的过程。

全面质量管理的最基本的方法是对整个过程进行质量管理，通过提高各环节的生产质量，确保产品的质量。衡量生产过程优劣的标准是：高产、低耗、优质。即多快好省！其量化的指标主要体现在投入产出率上面。

在整个生产过程中，管理者都希望用最少的劳动耗费（包括物化劳动和活劳动），生产出最多的能满足用户需要的产品。要实现生产过程的这一目标，首先要重视各生产要素（人、财、物、信息）。

组织好生产过程的前提条件是，在质和量上满足生产产品的需要，这是由客观事实所决定的。所以，产品质量的控制，一定要从基础条件入手。其次，要让各生产要素在生产过程中处于最理想的组合状态，按照产品的生产工艺组成一个彼此相关的、密切协作的、高效率的、有序的完整体系。第三，要保证最优的组合状态。

9.5.2 生产过程的质量管理措施

要想做好生产过程的质量管理，就要做到下面几方面：

1. 按标准组织完成生产

标准化工作是质量管理的首要前提，是实现管理规范化的迫切需要。“无规矩不成方圆”，如果想保证生产过程的质量，就要按照标准严格规范生产。忽略了生产标准，付出再多的努力，也是白搭！只会费力不讨好。

2. 强化质量检验机制

质量检验在生产过程中有以下三种职能：

职能	说明
保证职能	即把关的职能。通过对原材料和对半成品的检验、鉴别、分选、筛选出不合格的产品，并决定该产品是不是能够接收；保证不合格的原材料不投入生产中，不合格的半成品不流入下一步工序中，不合格的产品不容许出厂
预防职能	通过质量检验获得的信息与数据，可以为质量控制提供基础，能够及时发现质量问题，找出原因并尽快排除，从而有效防止或减少不合格产品的产生
报告职能	生产部门要将质量信息和质量问题尽快报告上级领导。为了提高产品质量，生产部门一定要加强管理，为企业提供必要的质量信息

3. 实行质量否决权

产品质量需要工作质量来保证，工作质量的好坏主要是人的问题。所以，努力挖掘员工的动力，完善质量管理机制和约束机制，是产品质量工作中的一个重要环节。

4. 设置质量管理点或质量控制点

所谓质量管理点（控制点）指的是在具体时期内、在一定条件下生产部门对需要重点控制的产品质量特性或关键部位、薄弱环节、主要因素等采取的措施与办法。实行强化管理，可以使生产处于非常好的控制状态，保证产品达到规定的质量要求。

要想加强这方面的管理，需要生产部门对企业做出一个整体分析，找出重点环节和薄弱环节，采用各种方法加以控制。

5. 企业文化的定位以质量为核心

在生产过程中，质量管理的主要任务是使生产出来的产品能够符合设计要求。经检验能够符合标准的才是真正的合格品，不符合标准的则是次品或废品。

检验产品不单单是生产部门的职责，更是企业全体人员的任务。所以，只有形成以质量为核心的企业文化，提高企业人员的质量意识，方能推动员工积极热情地落实产品的质量，充分发挥出质量的应有价值。

附表：

产品年度质量控制计划

<table>
<tr><td rowspan="3">生产过程的质量管理</td><td colspan="3">标准：高产、低耗、优质</td></tr>
<tr><td rowspan="2">步骤</td><td colspan="2">1. 各生产要素，人、财、物等在质和量上满足生产产品的需要</td></tr>
<tr><td colspan="2">2. 使各生产要素在生产过程中处于最佳的结合状态</td></tr>
<tr><td rowspan="7">生产过程的质量管理措施</td><td colspan="3">1. 按标准组织完成生产</td></tr>
<tr><td colspan="2" rowspan="3">2. 强化质量检验机制</td><td>1. 保证职能</td></tr>
<tr><td>2. 预防职能</td></tr>
<tr><td>3. 报告职能</td></tr>
<tr><td colspan="3">3. 实行质量否决权</td></tr>
<tr><td colspan="3">4. 设置质量管理点或质量控制点</td></tr>
<tr><td colspan="3">5. 企业文化的定位以质量为核心</td></tr>
</table>

9.6 年度安全生产计划

安全生产是企业管理的重中之重，是企业发展最起码的保证，是日复一日、持续不断变化的过程。安全事大，人命关天！日常安全工作中，忽视了细小环节，简化了工作程序，等于给安全生产埋下了一颗定时炸弹！

所以，安全生产管理是值得大家重视的。

安全生产管理做得好的企业，针对安全生产过程中存在的安全问题，都会运用科学有效的资源，积极动脑，进行有效的决策、计划、组织和控制，实现生产过程中人与机器设备、物料环境的和谐，达到安全生产目标。

9.6.1 安全生产管理的原则

在进行安全生产管理的过程中，生产部门要遵循以下几个原则：

1. 将安全生产放在第一位。

2. 坚持“五个同时”的原则，即在计划、布置、检查、总结、评比生产工作的同时，也要对安全工作进行有效的计划、布置、检查、总结和评比。

3. 坚持“四不放过”原则。不放过任何一个事故发生的原因，不放过没受过教育的事故责任者和群众；不放过没有落实的防范措施；不放过没有受到处理的事故责任者。

9.6.2 安全生产管理的措施

要想做好生产安全管理，生产部门要从以下几方面做起（图 9-5）：

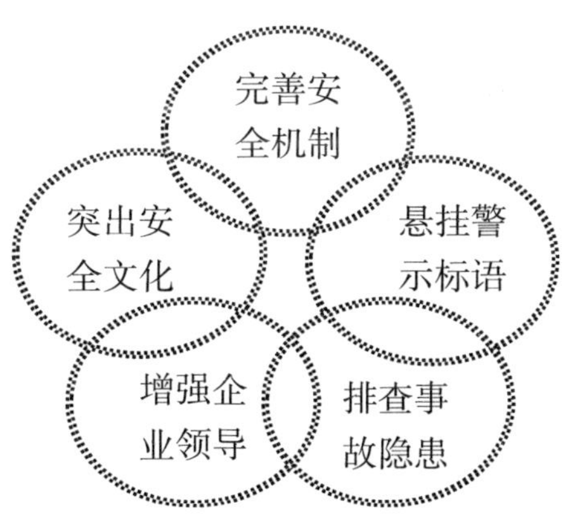

图 9-5　安全生产管理措施

1. 突出安全文化

安全文化是员工行为方式（习惯）的选择与行为结果的统一，是一个慢慢改变的过程。逐渐培养这种良好行为习惯，对造就优秀的行为结果十分重要。

企业安全文化，最重要的是提高员工的认知。建设企业的安全文化，必须坚持四个字——以人为本！唯有激发员工的主观能动性，才能够把保证生产安全变为自觉行动，才能达到确保安全生产的目标。

2. 完善安全机制

要想完善安全机制，首先要建立以各级行政正职为安全第一责任人的责任体系；其次，要建立能够适应现代的安全管理体系，做到考核有依据、行为有规范、奖惩有力度；再次，要建立一个以领导带头、部门协同、彼此监督的网络体系。

3. 悬挂警示标语

以人为本的安全文化，不单单是体现了一种深层次的关爱，更体现了集体对员工的人文关怀与人文体贴。要在可以看得见的地方做一些标记，如“安全第一，预防为主”“进入厂区，严禁吸烟”等标语口号。只要进入生产现场，不论员工身在何处，这些标语牌、警示牌，都会时时刻刻提醒、警示员工——注意安全！

4. 排查事故隐患

之所以要进行安全检查，目的是为了寻找问题的根本所在，消除生产中的安全隐患。

隐患的出现，时常表现为信息的差异。通过检查，就可以获得这些信息，之后对系统的结构、要素和功能进行有效分析，继而采取措施，解决生产中存在的安全隐患。

没有自我责任意识，隐患就不能被及时发现，信息便会受到阻碍。安全的责任主体意识必须贯穿于安全检查的方方面面，要及时发现问题，将事故消灭在初期状态。

5．增强企业领导

若想将企业的安全生产管理工作做好，必须提升领导对安全知识的重视。只有部门领导对安全生产知识足够重视，才可以转变旧思想，做好安全生产的管理工作。

附表：

年度安全生产计划表

安全生产管理的原则	1. 将安全生产放在第一位
	2. 坚持“五个同时”的原则
	3. 坚持“四不放过”原则
加强安全生产管理的措施	1. 突出安全文化
	2. 完善安全机制
	3. 悬挂警示标语
	4. 排查事故隐患
	5. 增强企业领导

第10章

仓储部年度计划的制订

10.1 物资验收年度计划

物资验收被称为“收货业务”，指的是对入库物资按照固定的程序与手续，进行接货、验货和办理入库手续等工作。物资验收，可以保证入库物资数量的准确和质量的完好。在制订仓储部门年度经营计划的时候，一定不能忽视这方面的内容。

10.1.1 物资验收工作内容

物资验收是核对资证与凭证，是对物资实体进行数量和质量检验的技术活动的总称。大部分情况下，指的是供货方、储货方和第三方在一定的条件下借助某种手段与方法，按照合同标准或相关法律法规、惯例，对货物的质量、数量、规格和包装等进行细致检查，确定物资是否可以验收入库。

概括起来，物质验收工作内容主要包括这样几项：

1. 物资验收数量的点收

不同的物资，计量方式也是不一样的，数量检验方式也不尽相同。对计重、计件等用不同单位衡量的物资，应该采取不同的数量点收方式，如下表所示：

计量方式	数量验收方式
计件物资	清点件数
计重物资	称重
长度、面积、体积计量的物资	检尺验收 对尺寸统一且定量包装的物资进行抽检

2. 外观验收

物资经过数量点收符合标准后，物资检验专员需要对其进行外观的检验。

外观检验是指工作人员通过感官并借助一些检验工具对包装（物）和实物的外观进行检验。外观验收的内容主要是检查物资包装、包装标志和物资表面的情况，工作人员要认真观察物资和物资包装的形、色、味、表、状等，认真进行外观检查。

外观检验时，应该确保物资达到以下 4 项标准：

（1）外包装完好，没有破损和水迹。

（2）包装标记与包装标识齐全，粘贴准确。

（3）物资单据齐全、清晰。

（4）物资表面状况良好，没有损坏和磨损。

3. 质量检验

仓储部对物资的质量检验，起着鉴别、把关和预防的职能，能够防止不合格的产品流入生产或销售环节。

所谓质量检验是指对产品的某项或多项质量特性进行大量的观察、测量和试验，之后将结果与规定的质量要求进行逐条比较，判断每项质量特性是否合格。质量检验的核心是对货物质量水平的合理判定，也是仓储物资验收非常重要的一个环节。

4. 检验记录

（1）验收记录要求。

物资验收记录工作分布于物资入库验收工作的各环节，物资验收专员应该按照以下几点要求做好具体的验收记录：

①随时记录检验信息。

②如果数量验收、质量验收、外观验收结束后，发现任何一项不符合合同文件的要求，必须得到供货方代表的认可（签字、盖章）。

③记录数据必须清晰，不得有错误，记录项不可有遗漏，检验结果记录应该放在突出的位置显示。

④验收记录单据的种类不能够有遗漏。

（2）验收记录管理。

验收记录是追查物资入库信息和记录物资状态的重要指标之一，也是追查不合格产品的重要依据。所以，对物资验收记录的管理非常重要。

验收记录管理一般可以遵照下表的规定执行：

管理事项	管理要求
制定管理制度	1. 物资验收主管制订验收的具体方案 2. 物资验收专员需要严格执行验收方案
填写验收记录	物资验收专员在验收的过程中，务必遵照验收记录的要求填写验收单、验收报告单或退货登记表等验收表单
保存记录信息	1. 每日工作结束后，物资验收人员需要填写物资验收日报表 2. 物资验收人员要将验收单据保存下来，以便随时翻阅

定期整理记录	物资验收人员每月要总结验收记录，填写物资验收月统计表和物料验收单汇总表
总结年度工作	物资验收主管进行年度总结时，要填写汇总记录表格、撰写工作报告

10.1.2 物资验收的作业程序

物资验收的作业程序，如图所示（图 10-1）：

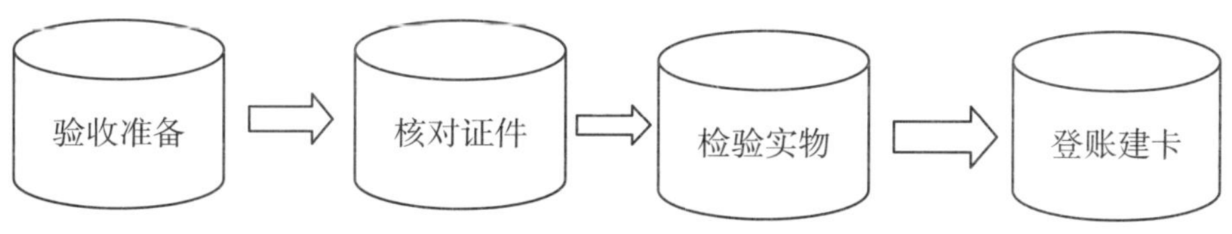

图 10-1　物质验收作业程序

1. 验收准备

要想做好物资的验收，首先要做些准备工作。如此，就可以做后面的事情了。

2. 核对证件

需要核对的证件包括物资入库通知单、订货合同；供货单位提供的质量证明书或合格证、装箱单、检尺单、发货明细表、磅码单；运输单位提供的运单号，入库前或在运输途中发生残损等情况，还需有普通或商务记录。

3. 检验实物

检查实物主要包括数量检验和质量检验：

（1）数量检验。

依据供货单位规定的计量方法对数量进行检验，或过磅或检尺换算，准确地测定出全部的数量。数量检验除了规格整齐划一、包装完整可以抽验 10%~20% 外，其他的应该采取全验的方法，以保证入库物资数量的准确。

（2）质量检验。

仓库大多数物资只是进行外观形状和外观质量的检验，在对进口物资或国内产品进行物理、机械、化学性能等内在质量检验时，应该聘请专业检验部门进行化验与测定，并做合理的记录。

4. 登账建卡

登账建卡即物资入库。仓储部门要根据物资实物检验的具体结果，建立物资保管账、标记，并建立物资档案。

附表：

物资验收年度计划

<table>
<tr><td rowspan="4">物资验收的基本内容</td><td colspan="2">1. 物资验收数量的点收</td></tr>
<tr><td colspan="2">2. 外观验收</td></tr>
<tr><td colspan="2">3. 质量检验</td></tr>
<tr><td colspan="2">4. 检验记录</td></tr>
<tr><td rowspan="5">物资验收工作的程序</td><td colspan="2">1. 验收准备</td></tr>
<tr><td colspan="2">2. 核对证件</td></tr>
<tr><td rowspan="2">3. 检验实物</td><td>1. 数量检验</td></tr>
<tr><td>2. 质量检验</td></tr>
<tr><td colspan="2">4. 登账建卡</td></tr>
</table>

10.2 物品入库年度计划

物资供应体系的一个重要组成部分是商品入库验收，也是仓库管理的重要环节。做好入库验收工作，对于减少运行成本、提高服务质量、创建朴素型服务有深远意义。

10.2.1 物资入库准备工作

在物资入库前，工作人员需要做好这些准备（图 10-2）：

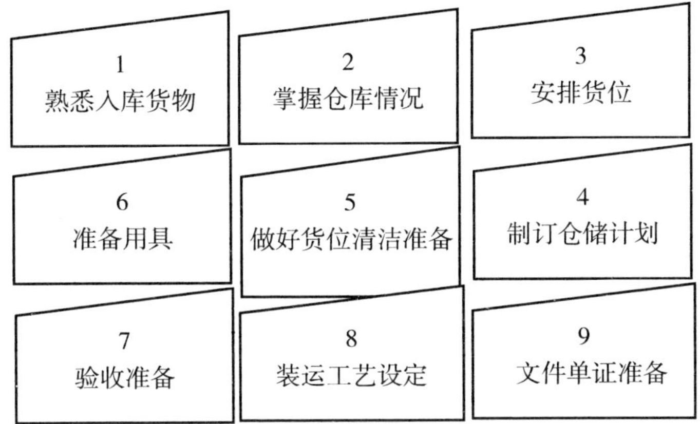

图 10-2　物质入库前的准备

1. 熟悉入库货物

仓库工作人员必须对入库货物的品种、数量、规格、包装状态、到库确切时间、货物存期、单件体积、货物的理化特性和保管要求等做到心中有数。

2. 掌握仓库情况

工作人员必须对货物入库期间、保管期间仓库的库容、设备、人员的变动情况了如指掌，以便安排具体的工作；假如必须使用重型设备操作的货物，要及时对仓库进行清查、归位，以便最大程度地利用仓容。

3. 安排货位

仓库部门应该根据入库货物的性能、类别、数量，结合仓库分区分类保管的要求，核算货位的面积大小，根据货位利用的原则，严格验收场地，合理安排货位。

4. 制订仓储计划

仓库业务部门应该根据货物的情况、仓库的情况和设备的情况制订仓储计划，并将计划分散到各个相应的工作单位和管理部门。

5. 做好货位清洁准备

仓库员要彻底清洁货位，把残留物祛除、把排水管道清理干净；必要时要安排消毒、铺地、除虫；详细检查照明和通风等设备，发现损坏及时通知维修人员修理。

6. 准备用具

在货物入库之前，工作人员要依据拟订的方案，准备相应的材料和必需的用具，组织铺设作业。

7. 验收准备

仓库人员应该根据货物情况和仓库管理制度确定验收的方法；工作人员准备验收所需要的点数、测试、称量、开箱装箱、移动照明等工具、用具。

8. 装运工艺设定

根据货物、货位、人员情况、设备条件，科学合理地制订卸车搬运的工艺，提高作业效率。

9. 文件单证准备

仓库员应该妥善保管货物入库所需要的各种报表、记录、单证等以备使用，例如，入库记录、料卡、残损单、理货检验单等。

入库的准备工作切记要及时、精细，不能马虎，否则会耽误货物的正常入库。

10.2.2 物资入库管理流程

物资入库，要经过这样一个流程：

1. 物资入库登记

为了更好地管理仓库物资，仓库管理人员要将每件入库的货物做好登记。此外，物资入库的原始凭证和入库单要按照物资入库管理规定，进行妥善保管并装订成册，定期报给财务部门，以备财务部门登账用。

仓库管理员要对货物进行简单的入库登记，并建立货物明细情况，明细情况包括货物的基本信息，比如名称、规格、数量和入库日期等，不可以重复或遗漏。

2. 物资入库编号

为了更好地管理入库物资，方便物资的拣选、加速物资出库的速度，工作人员必须对所有入库的物资按照一定的规律进行编号。

对物资进行编号是为了方便管理入库物资。通过对库存物资的品种、规格、类别和性能等进行整理，可以形成物资类别的特别品种体系，并进行系统化的统一编码标识。

具体来说，在进行物料编码时，需要遵循以下几种原则：

原则	说明
简单性	编码要简单明了，这样可以减少工作中错误发生的机会
完整性	要保证所有的物料都有自己的物料编码
唯一性	一个物料编码只可以代表一种物料
规则性	编码分类要有规律，编码规则要统一
可扩展性	要考虑到未来新产品、新材料的发展情况，为编码留下分类扩展的空间
可读性	物料编码必须具备可读性
效率性	编码原则要有助于提高日常操作的效率
综合性	编码原则应该与产品、采购、生产、货仓运作、物料控制、财务和实用软件系统等相关方面进行配合
方便性	编码时要考虑录入的便捷性

3. 物资储位安排

仓库里，货物各式各样，每种货物又有自己独特的属性，货物彼此之间还可能发生物理化学反应，所以仓库管理人员要对入库物资进行合理的储位安排，实现仓容的最大化利用，以保管好货物。

附表：

物品入库年度计划

<table>
<tr><td rowspan="9">物资入库前的准备工作</td><td colspan="2">1. 熟悉入库货物</td></tr>
<tr><td colspan="2">2. 掌握仓库情况</td></tr>
<tr><td colspan="2">3. 安排货位</td></tr>
<tr><td colspan="2">4. 制订仓储计划</td></tr>
<tr><td colspan="2">5. 做好货位清洁准备</td></tr>
<tr><td colspan="2">6. 准备用具</td></tr>
<tr><td colspan="2">7. 验收准备</td></tr>
<tr><td colspan="2">8. 装运工艺设定</td></tr>
<tr><td colspan="2">9. 文件单证准备</td></tr>
<tr><td rowspan="11">物资入库管理流程</td><td colspan="2">1. 物资入库登记</td></tr>
<tr><td rowspan="9">2. 物资入库编号</td><td>简单性</td></tr>
<tr><td>完整性</td></tr>
<tr><td>唯一性</td></tr>
<tr><td>规则性</td></tr>
<tr><td>可扩展性</td></tr>
<tr><td>可读性</td></tr>
<tr><td>效率性</td></tr>
<tr><td>综合性</td></tr>
<tr><td>方便性</td></tr>
<tr><td colspan="2">3. 物资储位安排</td></tr>
</table>

10.3 物品储存年度计划

物资储存管理是仓库工作过程的重要内容之一，也是优化仓库作业空间的重要条件之一。物资储存管理是否合理，对仓库作业活动的各项经济技术指标具有非常大的影响。

10.3.1 现场物资的存放原则

对于现场物资的存放，要做到这样几点：

1. 按照施工的平面布置、使用加工、吊装、道路运输等要求，设置物资贮存的位置和设施。

2. 按照物资的品种、规格分别摆放整齐，四周不能有杂草杂物，场地不可以有积水，必须保持摆放场地的干燥整洁。

3. 对现场物资的保管，遵守“谁施工、谁领料、谁负责保管”的原则。如果是钢筋加工的区域，则应该搭建加工棚。加工棚的搭设，必须具有防潮、防水等功能。钢筋、钢板、半成品等物资，要按照要求进行合理存放。

4. 不同品种、规格、牌号、等级、批次的物资要分开码放，不可以混杂，同时，还要依据物资的性能与特点，选择合适的垛形和堆码高度，按照仓库的先后次序进行码放，保证“先进先出”。

5. 露天存放的物资，要按照规定的要求上苫下垫。垫台高度必须大于 30 厘米，避免物资遭受风吹、雨雪、潮气或日光曝晒，影响到物资的质量。

10.3.2 库存物资的存放原则

库存物质的存放要坚持这样几条原则：

原则	说明
内外整洁，合理码放	库存物资需要做到内外整洁，合理码放，还必须做到防水、防火、防雨、防潮、防盗等
科学化与规范化	根据物资的特点，采用成行成列的方式，一层一层码放，一点一点码放，运用存整码零的形式码放；货架存放，必须是上面放轻物资，下面放重物资，中间放常用物资，如此才便于收发和清点；库房物资，则要做好标识

10.3.3 库房的安全管理原则

如果想做好库房的安全保管工作，首先需配备灭火器、消防沙等消防器材；其次，库房要安装接地线、避雷针等防雷设施；第三，做好“防火、防盗、防破坏、防自然灾害”等工作，确保库房物资的安全性。

10.3.4 物料标识管理

物料标识管理，主要有下面几方面（图 10-3）：

图 10-3　物料标识管理内容

1. 明确内容

材料标识的内容包括材料名称、规格型号、生产厂家、炉号 / 批次、进场日期、检验状态、数量、标识人等。

2. 方法合适

材料标识的方式多种多样，比如：

（1）库存材料大部分都用材料卡片进行标识。

（2）水泥、钢材、混凝土外加剂、石、砖、沙、砌块、装饰材料和构件等材料，则采用材料标识牌。

（3）对于时效性比较强，有先进先出要求的，如缩水泥、外加剂、掺和料等物资，需要按照不同品种、出厂、进场时间、标号等分区域分别贮存。

3. 做好材料标识

标识千万不能混用或错用，材料卡片与材料标识牌按规定统一制作、使用。

（1）材料标识中，一定要标明材料的检验和试验状态。材料的检验和试验状态可分为四种情况：未经检验；已经检验，结果待定；已经检验，结果合格；已经检验，结果不合格。

（2）材料标识由材料员负责管理，标识牌不可以随意移动，如果材料在使用过程中发生标识转移的情况，应该及时移回原位。

(3) 如果标识内容不清晰或消失，应该根据记录情况恢复标识；如果状态标识模糊、消失，并且没有办法确定物资当时质量的状态，应该重新检验，以确定其状态。

(4) 材料标识属于动态管理，如果产品的数量或状况发生变化，标识要随之做出相应改变。

附表：

物资存储年度计划

现场物资的存放原则	1. 按照施工要求设置物资贮存的位置和设施
	2. 按照物资的品种、规格分别摆放整齐
	3. 遵守“谁施工、谁领料、谁负责保管”的原则
	4. 不同品种、规格、牌号、等级、批次的物资要分开码放
	5. 露天存放的物资，要按照规定的要求上苫下垫
库存物资的存放原则	1. 内外整洁，合理码放
	2. 科学化与规范化
库房安全管理原则	1. 配备灭火器、消防沙等消防器材
	2 库房要安装接地线、避雷针等防雷设施
	3. 做好“防火、防盗、防破坏、防自然灾害”等工作
物料标识管理	1. 明确内容
	2. 方法合适
	3. 做好材料标识

10.4 物品搬运年度计划

运输配送的主要职责包括合理调度运输配送的人员、合理调配运输的车辆、指导和监督配送工作等。运输调度专员主要负责运输规章制度的拟定、车辆的调度、运输费用的处理等工作，保障货物的及时运送和装车过程的完好。

为了加强对物资装卸搬运工作的管理，保证物资安全、完好，提高装卸搬运的效率，仓储部门要结合公司的具体情况，制定合理的制度。之后，仓储物资入库、移库、出库等作业过程的装卸搬运工作都应该遵照这一制度执行。

10.4.1 物资搬运的基本方式

在国民经济中，最基本的运输方式包括铁路、公路、水路、航空、管道运输等 5 种。各种运输方式独具特点，运输工具和设备不同，面向的受众也不同（图 10-4）。

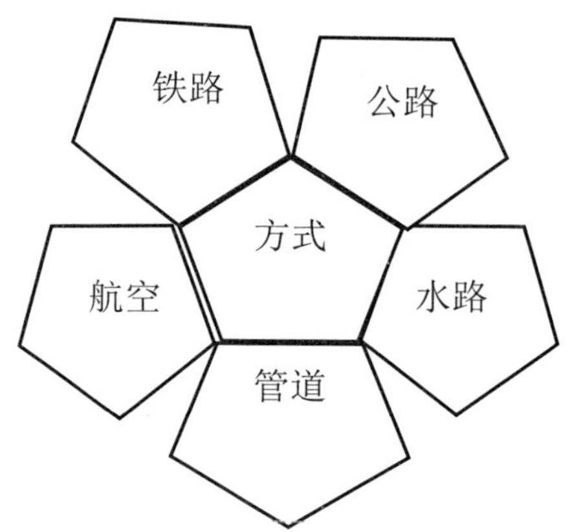

图 10-4　物资搬运的基本形式

1. 铁路运输

在物流运输系统中，铁路是货物运输最主要的承担者，尤其是大宗的、单一的、长距离运输的货物，比如木材、粮食、棉花、煤炭等，主要是由铁路运输的。

在各种运输方式中，铁路运输是最安全、最准时的，并且可以全年全天候不间断地运输，成本低，而且还便于统一调度与编排。

2. 公路运输

公路运输一般是指汽车运输，主要承担短途或没有修建铁路的边远地区的长途货物运输任务。公路运输的特点比较灵活，直达性比较强，可以做到“户到户”运输；而且公路建设投资相对比较少。

3. 水路运输

水路运输的历史比较悠久，运输方式分为海上运输、内河运输。

水路运输的特点是运载的能力大、投资少、成本比较低、运费相对便宜，但是速度非常慢，运输的环节也多，还受到自然条件的影响，机动灵活性比较差。多用于对时间要求不紧、大宗笨重货物的长途运输。

4. 航空运输

航空运输占地少，投资省，并且速度是 5 种运输方式中最快的，时间效益好。但是，运量小，此外，由于飞机造价昂贵，运费较高，安全性差，受自然条件影响比较大，所以航空运输多用于急需的物资或易损、贵重的物资等。

5. 管道运输

管道运输是相对于其他 4 种运输方式比较新兴的运输方式，是伴随着石油与天然气产量增长而逐渐发展起来的。利用管道运输，运量比较大，不占地，也不受天气条件的影响，安全便捷、无噪音，耗能低，并且可以不间断地、均衡地进行运输。最重要的是，能够减少被运物资的损耗，节省大量的社会劳动力，降低运输成本，保证运输安全。

管道运输建设的周期比较短，收效快，使用与管理方便。但是，却不如其他运输方式灵活，货源减少时不能够改变路线，当运量小到超出它合理运行的范围时，优越性便很难发挥。

10.4.2 物资运输配送的主要岗位职责

运输配送主管的主要职责有以下几个方面：

1. 制定运输配送日常管理制度，并负责落实与执行。

2. 负责审批运输配送计划，并监督其实施。

3. 负责对运输配送人员进行合理的调度与安排。

4. 组织做好运输配送设施和设备的日常维护管理工作。

5. 负责运输车辆的组织、调配与管理工作。

6. 对运输配送过程中可能会产生的单据与档案进行整理与统筹。

7. 完成领导临时交办的任务。

附表：

物品搬运年度计划

物资运输的基本方式	1. 铁路
	2. 公路
	3. 水路
	4. 航空
	5. 管道
物资运输的主要岗位职责	1. 制定运输配送日常管理制度，并负责落实与执行
	2. 负责审批运输配送计划，并监督实施
	3. 负责对运输配送人员进行合理的调度与安排
	4. 组织做好运输配送设施和设备的日常维护管理工作
	5. 负责运输车辆的组织、调配与管理工作
	6. 对运输配送过程中可能会产生的单据与档案进行管理与统筹
	7. 完成领导临时交办的工作

10.5 仓库盘点年度计划

在监管工作中，对货物的盘点是最常见的，也是最重要的工作。

所谓盘点指的是定期或临时对库存商品进行清查、清点。为了了解货物的实际数量，掌握货物的流动情况（入库、在库、出库），仓储部门需要对仓库现有物品的实际数量与保管账上记录的数量进行核对，以便准确地掌握库存数量，对库存出现的问题及时纠正。

10.5.1 仓库盘点方法

在实际工作中，需要依据货物的特性和操作要求正确地运用盘点方法。依照目的和方式不同，仓库盘点方法可以分为以下几种：

方法	说明
抽样盘点	为了提高检查的效率，可以选择抽样盘点的形式。这种方法的要点是抽样盘点必须具有针对性，可以针对货物进行较为频繁的盘点，较难盘点的或监管员之前已经做过盘点的可以进行抽样盘点
临时盘点	这种方式是针对特定情况，比如在日常监管过程中，对于进出有变动的货物进行临时盘点，以审查企业提供单据数与实际库存的一致性
定期全盘	依据所指定的盘点计划，在一定的周期内（一般在一个月内）进行大规模、全面性的盘点工作。通过定期全盘可以摸清库存的数量，可以校对因为平日人为操作失误而造成的数量上的误差
循环盘点	对于数量大、规格比较多、分布比较散并且货物变动比较频繁的仓库，可以采用循环盘点的方式。要点是将货物依照规格或区域进行划分，在一定盘点周期内进行循环盘点
估盘	对于像散货这样不能轻易盘点的货物，比如铁矿石、生铁之类的，可以通过记录进出库时的数量进行估盘。要点是确保每笔进出库数据都有记录，记录要准确

10.5.2 仓库盘点注意事项

进行仓储盘点的时候，有些事情需要注意，比如：

1. 提前做好准备

在开展盘点工作之前，需要做一些前期的准备工作，首先要做好资料准备，如整理一些前期数据、货位表、盘点表等；然后合理安排相关工作人员，如果有需要，还可以进行盘点前培训，与相关企业或部门沟通，协助盘点工作顺利进行。

2. 坚持原则

在盘点的过程中，要本着细心、负责、诚实的原则，不允许作弊或弄虚作假，更不能掩盖漏洞或失误。

(1) 盘点过程中，要对货物的检查、记录等做到准确无误；对盘点的货物，不论是按照区域划分，还是按照规格划分，都必须全面，不能有遗漏。

(2) 盘点过程就像流水作业，不同的人员负责不同的区域，因此所有资料一定要清楚，书写也一定要清楚，货物的整理更要清楚。

(3) 盘点是一个较为繁琐的工作，为了提高效率，降低对其他工作或企业的影响，人员之间要做到相互配合。

3. 做好记录

每次盘点时，都要做好记录，填写好盘点的表格，相关责任人要在盘点表上签字。

盘点工作，除了对货物的数量或重量进行盘点记录外，还要把实物与账目进行仔细核对。遇到存在账目与实际不符的情况，要重新核对一遍，找出具体的原因，并做盈亏的处理。数据重新核对无误后方可填写在汇总盘点表中。

4. 根据盘点结果汇总存在的问题

如果盘点涉及企业或相关部门，则要共同进行复核，分析存在的问题并寻找解决问题的办法，尽可能让同样的错误不再发生。

附表：

仓库盘点年度计划

常见的仓库盘点方法	1. 抽样盘点
	2. 临时盘点
	3. 定期全盘
	4. 循环盘点
	5. 估盘
仓库盘点的注意事项	1. 提前做好准备
	2. 坚持原则
	3. 做好记录
	4. 根据盘点结果汇总存在的问题

10.6 年度物品出库计划

所谓商品出库是指业务部门或存货单位开出的商品出库凭证（提货单、调拨单），仓库根据它所列的商品名称、数量、型号、规格等项目，组织商品出库。

商品出库是商品储存阶段的停止，也是仓库作业的最后一环，可以让仓库工作直接与运输单位和商品使用单位发生具体的联系。

10.6.1 商品出库形式

商品的出库形式主要有下面几种：

形式	说明
送货	仓库依据货主单位的商品调拨单，把商品交给运输部门或提供配送服务的收货单位
自提	由收货人或代理人持商品调拨单到仓库提货，仓库可以凭借商品调拨单发货

过户	过户是一种就地划拨的形式，商品虽然没有出库，但所有权已经从原库存货户变为新存货户。仓库务必要依据原存货单位开出的正式过户凭证，才能为它办理过户手续
取样	货主为了应对商品质量检验和样品陈列的需要，到仓库提取货样。仓库依据正式取样凭证出样品，并做好账务记载工作
转仓	货主单位为了业务方便或改变储存条件，将某一批库存商品从一个仓库转移到另一个仓库，仓库必须根据货主单位开出的正式转仓单，办理转仓手续

10.6.2 物品出库流程

依据商品在库内的具体流向，或出库单的流转而构成各业务环节的衔接，商品出库的业务流程如图 10-5 ：

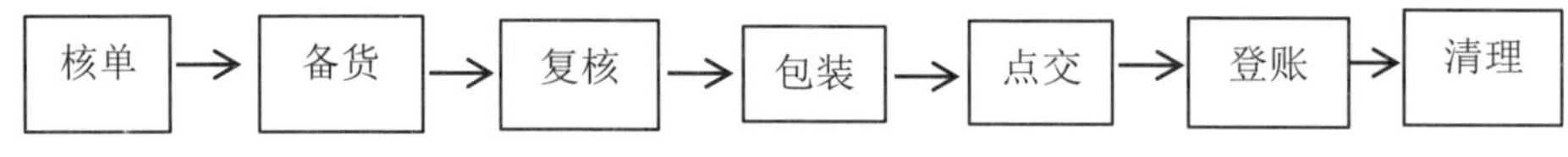

图 10-5 物品出库流程

1．核单

商品发货必须具备正式的出库凭证，仓库保管员需要认真核对出库凭证，审核凭证是否真实有效，并核对商品的品名、规格、型号、单价、数量和收货单位等，最后还需要审核出库凭证的有效期。

2．备货

审核通过后，便可以按照单证所列出的项目准备货物。

备货时应该遵守“先进先出，易霉易坏先出，接近有效期先出”的原则，备货完毕后还要及时变动资料卡余额的数量，填写实发数量与发货的日期。

3．复核

为了防止中间出现差错，备货后不能直接出货，还要进行一次复核，复核形式包括专职复核、交叉复核和环环复核。此外，在发货作业的各环节上也要谨记复核工作。

4. 包装

出库的商品，假如包装无法满足运送部门或用户的要求，就要及时进行再包装。

5. 点交

商品经过复核后，就要办理交接手续，当面将商品交接清楚。确定交清后，提货人员需要在出库凭证上签字。

6. 登账

点交后，仓管人员要在出库单上填写实发的数量和发货的日期等内容，并盖章。

7. 清理

现场清理包括对库存商品、设备、库房、场地的清理；档案清理是指对收发、盈亏数量、保养等情况进行清理。

10.6.3 物资出库操作的三要点

物资出库是指根据正式的凭证与手续，准确并及时地组织好出库的工作：

要点	说明
准确	准确是工作质量的重要保证，没有准确，出库的工作就变得没有意义。要想提高出库的准确率，就要按照出库凭证所列的物资编号、规格、质量、品名、等级、单位数量等，准确无误地进行交接，做到单货的准确契合，不可遗漏
及时	发货及时是保证生产建设与人们需要的重要条件。发货时，在手续齐全的前提要尽量简便，要加快速度及时组织好物资，以便出库
安全	所谓出库安全，是指在出库交接时进行安全操作，防止物资震坏、破损、变形、摔伤，保证物资出库时的质量是完好的

附表：

年度物品出库计划

物资出库基本形式	1. 送货
	2. 自提
	3. 过户
	4. 取样
	5. 转仓
物资出库基本流程	1. 核单
	2. 备货
	3. 复核
	4. 包装
	5. 点交
	6. 登账
	7. 清理
物资出库要点	1. 准确
	2. 及时
	3. 安全

第11章 市场营销部年度计划的制订

11.1 客户信息管理年度计划

客户是企业的上帝，是企业的衣食父母，客户需求是各企业的必争之物，也是商家的生命线。赢得客户，不断巩固扩大客户网，及时、充分地将客户信息加以把握，并对其进行有效的管理，对于企业准确地把握市场动态更加有力，可以让企业更好地了解客户，服务客户。

对于企业来说，如果想在激烈的市场竞争中保持原有的客户，并且在这个基础上开发出更多的客户关系，就一定要做好一件事——加强客户信息管理！

11.1.1 客户信息管理第一步——收集客户信息

要想做好客户信息管理，首先要足够多地收集客户信息，建立客户档案，将客户的有关资料和服务情况记录下来，更好地进行信息管理。

一般情况下，收集客户的信息，主要包含四个方面的内容：客户基础资料、客户的特征、客户业务状况和交易现状，具体内容如下表所示：

内容	说明
客户基础资料	客户基础资料是客户最根本的原始资料，包括客户的名称、地址、电话、所有者、经营者、管理者、法人代表和个人的性格、兴趣、爱好、家庭成员、学历、年龄等
客户特征	包括服务区域、销售能力、发展潜力、经营观念、经营方向、经营政策、经营特点
客户业务状况	包括客户规模、销售实绩、经营管理者和业务人员的素质、和其他竞争者的关系、和本企业的业务关系、合作态度等
交易现状	包括客户的销售活动现状、存在的问题、保持的优势、未来的对策、企业形象、声誉、信用状况、交易条件和出现信用问题等

11.1.2 客户信息管理的主要环节

在进行客户信息管理过程中，要努力对老客户的信息做好分类，从中提炼出客户需求，然后再有针对性地加以满足。

在这个过程中，要掌握一些老客户信息管理的基本过程和要领，如此才能更高效地掌握客户期望，为他们提供更加优质的客户服务。

1. 对老客户信息进行整理

对老客户信息进行整理对于把握客户是一项非常重要的工作，具体可以参考下面的老客户信息整理表：

客户姓名	客户交易次数	总交易金额	交易产品类型	客户需求陈述

2. 分析客户需求点

客户需求点的分析主要为先将老客户信息进行全面汇总和科学整理，再把所有老客户的需求点加以提炼，然后选定下一步管理的主要内容，并确定服务的基本方向。

3. 制订客户需求满足方案

在明确老客户的真实需求和潜在需求后，要结合企业的实际服务能力和服务资源支出计划制订一套客户需求的满足方案。

11.1.3 客户信息管理措施

对客户信息进行管理，可以采用以下措施：

1. 认真汇总、整理所有客户的信息。

2. 建立客户档案，并编制客户一览表供查阅。

3. 客户档案的建立。

（1）每发展、接触一个新客户，都应当建立客户档案。

（2）客户档案要标准化、规范化，要弄清楚客户基本信息，比如客户名称、法定代表人、地址、邮编、电话、传真、经营范围、注册资本等。

4. 客户档案的更新、修改。

（1）客户的重大变动事项和本公司的业务交往，都要记入客户档案。

（2）积累客户年度业绩和财务状况报告。

附表：

客户信息管理年度计划

客户信息的内容	1. 客户基础资料
	2. 客户的特征
	3. 客户业务状况
	4. 交易现状
客户信息管理主要环节	1. 对老客户信息进行整理
	2. 分析客户需求点
	3. 制订客户需求满足方案
客户信息管理的基本措施	1. 认真汇总、整理所有客户的信息
	2. 建立客户档案，并编制客户一览表供查阅
	3. 客户档案的建立
	4. 客户档案的更新、修改

11.2 年度目标消费者管理计划

目标客户是市场营销工作的前端，只有确定了消费群体中的某个种类目标客户，才能展开有效、有针对性的营销事务。

11.2.1 目标客户调查研究的内容

目标客户调查研究的主要内容有：

内容	说明
需求动机调查	要了解消费者的购买意向是什么，影响消费者购买动机的因素有哪些，消费者购买动机的类型是什么
购买行为调查	不同的消费者有不同的购买行为，其购买模式影响着购买行为

11.2.2 目标客户群的定位

目标客户群的定位有多个维度，比如针对性别的定位，除了包含男人、女人、中性、儿童、情侣外，不同的组合也会有不同的定位（图11-1）。

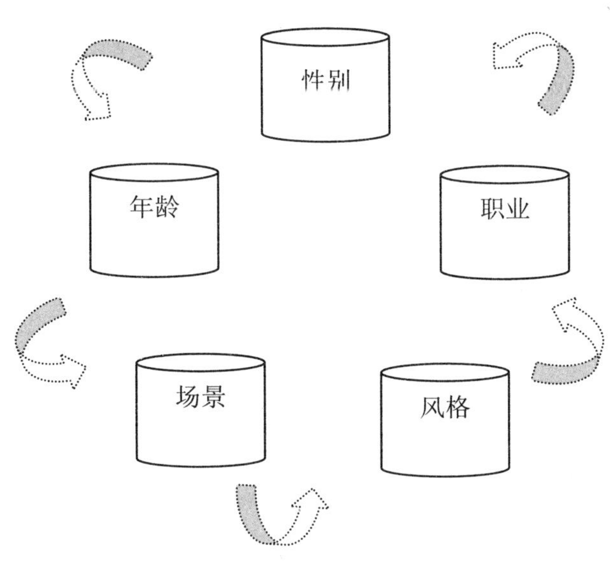

图 11-1　目标客户群的定位

1. 性别

目标客户群的定位，首先要明确目标客户群的性别是什么，即需要了解真正购买的人是谁，比如购买男装的目标客户群就是男性群体吗？数据显示，40% 左右的男装购买人群是女性群体。此外，母婴类目、老年装、保健品等，更需要从目标客户群的性别来仔细斟酌。

一般情况下，在性别的选择上，除了产品本身的定位之外，对于很多居家使用、装饰用途的产品必须有一定的性别之分，比如具有中性美的产品就需要单独明确其定位。

2. 年龄

很多市场营销部门在做年龄定位时，都觉得自己的目标客户群是18~35岁的女性群体，或者25~35岁的女性群体，实际上并非如此！现在，我们以服装为例，分析一下目标客户群的年龄段问题。

年龄群	特色
18~23岁消费者	一般都是在校学生，具备一定的消费基础，花的都是父母的钱，因此在低价和高性价比上有很多追求。可是，有些人也喜欢昂贵的东西
24~28岁消费者	这一消费群体，或刚刚走出校门，或正处于就业升职期，都需要构建家庭。按照一般观念，这类人最有消费能力，可是因为家庭压力，他们的消费能力也不高
29~35岁消费者	这类人群一般已经结婚成家，在给父母、子女购买商品时，偶尔会有大手笔的投入，消费能力很高

3. 职业

目标客户群的职业不同，定位一般也不同。除了其职业化的功能性用途、风格性用途，有些人还有对产品文化定位的需要、对品牌附加值的心理追求等。

单独划分收入的高低、职业的定位对于产品本身的价格策略和赢利模式，都可以起到决定性作用。一旦背道而驰，最终的定位都会表现得不切实际，或者无法完全切合定位。

4. 场景

有人做过这样一场实验：对女士在不同地点、不同场合以及其具有的不同角色进行场景定位。比如女高管，是高端消费人群的代表，可是生活中却是一个小萝莉，分类上就要进行差异化定位，将产品进行场景分类。

在场景办公环境下，消费者一般都追求产品本身的功能性和观赏性。此外，对于品牌的追求，可能会成为工作之余的谈资。可是，在其他生活情境中，可能会追求产品的舒适感、实用性等切实功能。

5．风格

这里所说的风格定位，指的是目标客户群的风格定位，或者产品本身的风格定位。

以服装行业为例，风格所反映的附加值包括三方面：

（1）时代特色，比如21世纪初，服装回归简约、怀旧、时尚，很多风格成了这个时代的特色风格。

（2）材质和技术的区别性，为大众带来的审美观是不是切合消费者的习惯。

（3）在消费水平逐步提高的今天，人们更加崇尚内心的追求、对于产品本身文化的追求、对品牌赋予产品的生命力的追求。

附表：

年度目标消费者管理计划

目标客户调查研究的内容	1. 需求动机调查
	2. 购买行为调查
目标客户群的定位	1. 性别
	2. 年龄
	3. 职业
	4. 场景
	5. 风格

11.3 年度消费者需求挖掘计划

说起消费者的需求，不得不提到一个小故事：

有一个老婆婆去买李子，看到第一个卖水果的小贩老婆婆问："李子甜不？"小贩迫不及待地说："特别甜，不信你吃一个。"老婆婆却摇摇头走了。老婆婆来到第二个卖水果小贩面前问了同样的问题。小贩说："你想买酸的，还是甜的？"老婆婆说买酸李子。

第二天，老婆婆又去了一家水果店，她问卖李子的小贩李子是不是甜的。这个小贩比之前的几个小贩聪明，回答说有甜的，有酸的，也有苦的。因为各人有不同的口味，并不是所有人都喜欢甜的。老婆婆说她要买酸李子。小贩问："为什么喜欢吃酸的？"老婆婆说："儿媳妇怀孕了，喜欢吃酸的。"

小贩弄清楚了问题的症结所在，就建议老婆婆买一些新鲜的猕猴桃，因为猕猴桃含有丰富的维生素，最适合孕妇吃。听小贩这样说，老婆婆开心地购买了李子和猕猴桃。

第三个小贩准确地掌握了顾客的隐性需求，不仅做成了交易，还得到了一个忠实顾客。在营销过程中，把握了消费者的需要，就掌握了营销的关键；挖掘到消费者的需要，就抓住了消费者的购买力。

11.3.1 影响消费者需求的因素

消费者的需要受到众多因素的影响，除了受消费者自身因素影响外，还有很多客观因素、主观因素综合地影响着消费者在购买活动中的需求心理。如图 11-2 所示：

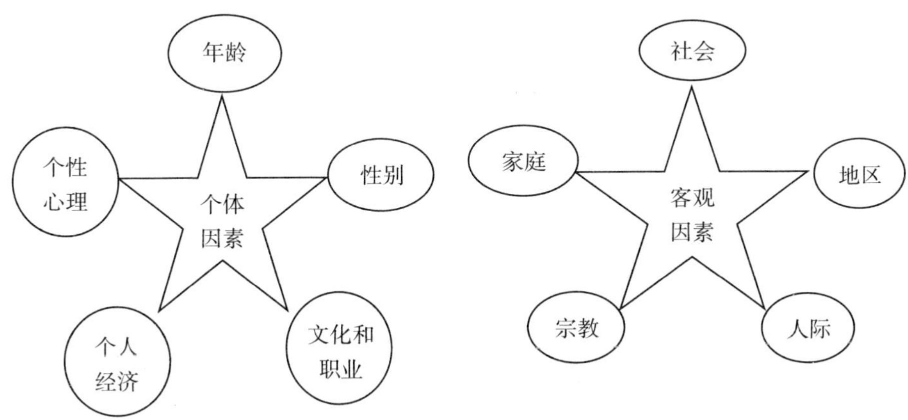

图 11-2　影响消费者需求的因素

1. 消费者个体因素的影响

消费者个体因素对于消费的影响，主要体现为：

因素	说明
年龄	年龄因素对于消费者的影响特别大，婴幼儿、青少年、中年人和老年人对于消费品都有不同的需要和指向
性别	消费者的性别差异会带来不同的需要。男女消费者对于一些商品的需求是有很大区别的
文化和职业	不同文化水平的消费者，在购买中会表现出不同的情趣和审美标准；不同职业的消费者，对于商品的式样、设计、包装、质量、数量等需要不尽相同
个人经济	个人收入的多少是影响消费者需要的重要因素
个性心理	消费者的气质、能力和个性心理特征等，都是消费者需要差别的主要心理基础

2. 客观外界因素的影响

客观外界因素对消费的影响，主要体现在以下几个方面：

(1) 社会因素。

消费者需要的内容和满足消费者需要的方式，都会受到社会生产力水平和生活条件的制约。

（2）地区因素。

各地区特定的自然条件、生产力水平、历史文化传统等因素形成了许多不同的消费习惯，构成了众多不同的消费需求。

（3）人际因素。

所有消费者都不是孤立存在的，都会或深或浅地和他人发生联系，进行交流，互相影响。

（4）宗教因素。

由于宗教信仰和所属民族不同，消费者的需要在服饰、饮食、居住、节日、礼仪等方面有各自的特点，这些都影响着消费需求的形成。

（5）家庭因素。

家庭购买消费品时，要考虑所有成员的需要。家庭成员之间在生活消费上互相依存的关系比较明显。

11.3.2 挖掘消费者需求的方法

挖掘消费者的需求，可以采用这样一些方法：

1. 多问、多观察

如果想知道消费者的隐性需求，就要多问、多观察，还要善于发问、善于观察，双管齐下，才可以得到较好的结果。

（1）了解客户的需求。首先通过提问等方式，明确了解客户对于产品的需求，然后再围绕客户需要的产品展开介绍和宣传。

（2）获得客户信息，深入挖掘客户潜在需求。

（3）将客户需求引导到自己的优势上。在销售中，产品专家是销售者。销售部门每天都要接触商品，销售者对自己产品优缺点的了解，胜于对客户的了解。

2. 多提供建议、选择

挖掘到顾客的隐性需求后，销售者要依据顾客的情况，给出相关建议。很多时候，销售者挖掘到顾客的需要，却不懂变通，不懂依据顾客隐性需求更好地给出选择、建议，这是不合格的。

附表：

年度消费者需求挖掘计划

<table>
<tr><td rowspan="10">影响消费者需求的因素</td><td rowspan="5">个体因素</td><td>1. 年龄</td></tr>
<tr><td>2. 性别</td></tr>
<tr><td>3. 文化和职业</td></tr>
<tr><td>4. 个人经济</td></tr>
<tr><td>5. 个性</td></tr>
<tr><td rowspan="5">客观外界因素</td><td>1. 社会</td></tr>
<tr><td>2. 地区</td></tr>
<tr><td>3. 人际</td></tr>
<tr><td>4. 宗教</td></tr>
<tr><td>5. 家庭</td></tr>
<tr><td rowspan="2">挖掘消费者需求的方法</td><td colspan="2">1. 多问、多观察</td></tr>
<tr><td colspan="2">2. 多提供建议、选择</td></tr>
</table>

11.4 营销管理年度计划

为了实现企业与目标市场之间的互利交换关系，要对设计项目进行分析、规划、实施和控制，这一过程就是营销管理。

在营销管理实践中，一般都需要预先设定一个预期的市场需求水平，可是实际的市场需求水平可能和预期的市场需求水平并不相同，为了实现更好的营销效果，就要合理地进行营销管理。

11.4.1 营销管理的程序

营销管理是中小企业生产销售环节的一个重要枢纽。没有营销管理，中小企业就没有办法协作工作，就没有办法达到组织的既定目标，组织的生存就会被影响。所以，对于营销部门来说，必须掌握营销管理的程序。营销管理的程序如下：

1. 分析市场机会

要想做好营销管理，首先要做好市场机会分析。机会越大，成功率越高。

2. 选择目标市场

任何一种新产品都有自己的目标市场，在进行销售管理的时候，要选择合适的目标市场将产品投放其中。

3. 拟定市场营销组合

拟定市场营销组合涉及的元素有：

元素	说明
产品	指的是企业提供给目标市场的货物或服务组合，包括产品的品牌、包装、品质、服务和产品组合等内容。
价格	指的是消费者获得产品所付出的金额，包括制订零售价、批发价、折扣和信用条件等
分销	指的是为了将产品送到目标客户手中，营销部所采取的各种行动，包括发挥批发商和零售商的作用等
促销	指的是为了宣传产品优点和说服目标顾客购买要采取的各种活动，包括广告、人员推销、营业推广和公共关系等

4. 组织、执行和控制市场营销

市场营销的运作，离不开组织、执行和控制，这方面的工作缺一不可。

11.4.2 营销管理中存在的问题

市场营销管理是市场营销的发展需要，目前在营销管理中主要面临以下几个问题：

1. 营销观念狭隘守旧

营销管理之所以会出现问题，首先是因为营销观念陈旧，比如很多市场营销部门只强调销售业绩，忽略了产品售后服务的美誉建设；只强调销售人员的单兵作战能力，忽略了销售人员互相协作；只强调销售部门对于企业兴旺的关键性作用，忽视了销售部门和其他工作部门的密切联系。

2. 高层营销管理缺位现象严重

正常情况下，营销部的管理者都应该重视营销工作。可是，现实中销售却成了员工的事儿，管理者不重视，或管理职责不到位。

3. 市场营销与其他部门脱节

很多营销部门都将市场营销和其他部门割裂开来，单独做市场营销的决策和计划，这样做自然会影响到市场营销的创新和整体发展。

4. 不重视营销网络的作用

很多传统企业的营销部都没有在市场网络上下功夫，只注重产品生产，无计划、无目标地销售产品，如此，不仅浪费了营销资源，还无法得到好的营销业绩。

5. 顾客服务体系创新不足

虽然营销部门知道顾客是上帝，知道失去了顾客，就失去了利润。可是，很多营销部门却只顾眼前利益，忽略了顾客服务体系的创新。

11.4.3 加强营销管理的措施

如果想加强营销管理，可以从以下几方面做起（图 11-3）：

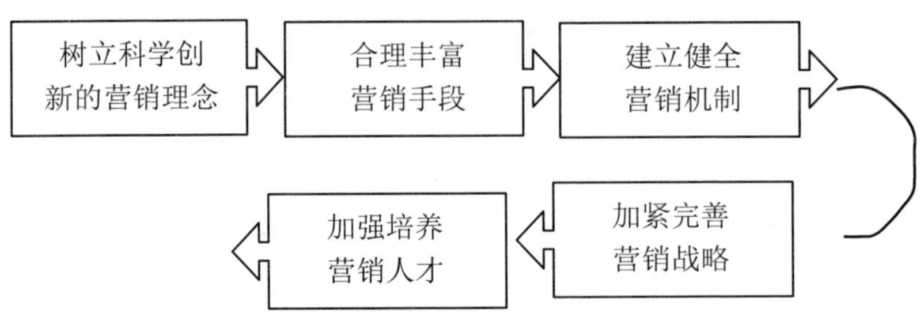

图 11-3　加强营销管理的措施

1. 树立科学创新的营销理念

如果想做好营销管理，就要树立良好的营销理念，并且实时、动态地依据市场的变化进行创新和调整，合理开展营销管理工作。

2. 合理丰富营销手段

考虑各种媒介利用价值的基础时，营销部门要根据客户的需求和自身实际的发展情况，合理地丰富自己的营销手段：开发性营销、扭转性营销、刺激性营销、恢复性营销、限制性营销、维护性营销、平衡性营销、抑制性营销。

3. 建立健全营销机制

如果想建立健全企业的营销机制，可以通过下面几方面去实现：

（1）制定或完善对营销人员的有效激励、约束机制。

（2）依据营销管理的需要，设计不同的组织机构，充分注意到各部门之间的职能分配。

（3）根据营销管理责、权、利相结合的原则，对各岗位、各员工的权限和责任进行明确。

（4）建立良好的运营机制和管理监督体制，让营销工作更加合理化。

4. 加紧完善营销战略

事实证明，注重品牌营销，以品牌战略为导向完善营销管理，已经变成促进企业可持续发展的关键手段。

5. 加强培养营销人才

营销工作和其他工作相比较，前者对于工作人员的素质、专业和能力要求都要高一些，所以为了保证营销管理的顺利开展，就要强化营销人才的培养。

附表：

营销管理年度计划

营销管理的程序	1. 分析市场机会	
	2. 选择目标市场	
	3. 拟定市场营销组合	
	4. 组织、执行和控制市场营销	
营销管理存在的问题	1. 营销观念狭隘守旧（ ）	备注： 分析后，如果企业确实存在其中的某类问题，就在其后面的括号里打“√”，以便改进
	2. 高层营销管理缺位现象严重（ ）	
	3. 市场营销与其他部门脱节（ ）	
	4. 不重视营销网络的作用（ ）	
	5. 顾客服务体系创新不足（ ）	
加强营销管理的基本措施	1. 树立科学创新的营销理念	
	2. 合理丰富营销手段	
	3. 建立健全营销机制	
	4. 加紧完善营销战略	
	5. 加强培养营销人才	

第12章

销售部年度计划的制订

12.1 销售人员的招聘与培训年度计划

日本经营之神松下幸之助说："企业即人，成也在人，败也在人。"人是企业最重要的资源，对于销售部来说，更是如此！销售部作为企业的核心部门，怎样选好人、用好人，已经成为企业提高竞争力的重要手段之一。

12.1.1 销售人员的招聘要求

选择合适的销售人才，是做好销售工作的首要前提。在制订销售部年度计划的时候，一定不能忽视这个问题。在招聘销售人员时，必须明确作为一名销售人员需要具备的要求。

要求	说明
形象和态度	录用的销售人员，应当“色艺双全”。其中，“色”是指销售人员在与客户交往中展现的形象、谈吐、举止；“艺”是指销售人员对产品的理解及销售技巧的掌握。在销售商品的过程中，销售人员应当给客户留下谈吐得体、举止端庄的良好印象
亲和力	见面熟是一种才干，这样的人喜欢和人交往，容易发现他人的优点，富于同情心，待人真诚。只有以客户需求为出发点，站在客户立场上考虑问题，才能消除客户的对立意识，才能够迅速推进客户关系、获取重要信息
沟通能力	友好地和客户进行清晰、简洁的沟通，或者进行书面交流，是一个销售人员必备的素质。
丰富的专业知识	销售人员具有专业知识和行业背景，就有了一个比较高的起点，就能够减少岗位培训的成本投入。这一点，在招聘销售人员时是必须看重的
良好的性格特征	在销售过程中，受到冷遇、遭到拒绝、长时期不开单等都是常见的境况，不跨越这个障碍，就无法有所收获。销售人员一定要具备百折不挠、愈挫愈勇的性格；只有经得起孤独、耐得住寂寞，才能有收获
认同企业文化	只有热爱自己所从事的行业，才可以全身心投入工作。如果应聘者不喜欢销售行业，就直接将其删除吧

12.1.2 销售人员的招聘流程

一般说来，招聘销售人员时，必须要遵守下面的流程。如图所示（图12-1）：

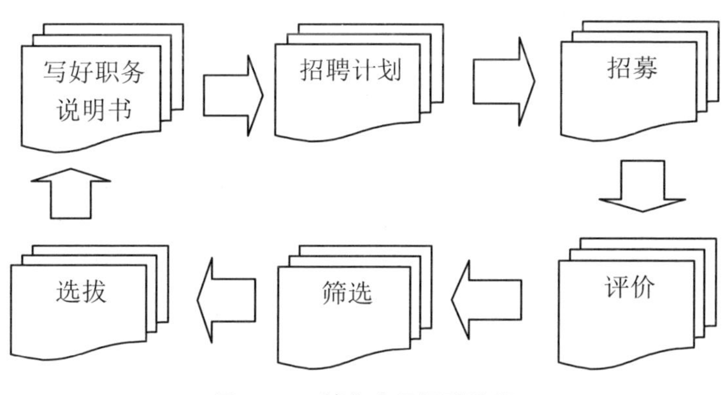

图 12-1　销售人员招聘流程

1. 写好职务说明书

进行人员招聘的第一步是写好职务说明书。这样，也就对相关职位提出了具体的任职要求。

2. 招聘计划

拟定招聘计划的时候，首先要明确具体的招聘时间，比如春节前、6月底等；同时，还要明确销售人员的任职资格。

3. 招募

销售人员的招聘要经历这样一个过程：了解一下市场；发布招聘信息；接受应聘者的申请。

4. 评价

对应聘者的评价主要从三个角度进行：程序、技能、效率。

5. 筛选

在众多的简历中，选出比较适合的应聘者，然后发面试通知书给对方。

6. 选拔

对前来应聘的人员进行笔试、面试等方面的考察，找到真正需要的销售人才。

12.1.3 销售人员培训的主要内容

销售是龙头，销售业绩决定着企业的生存和发展。因此，提高销量异常重要。如果想实现销售目标，首先要对销售人员进行培训，提高销售人员的销售能力，进而让其业绩稳步提升。

对销售人员实施销售培训时，在参训者明确了销售培训的真正作用和意义后，还要确定合适的培训内容，要让培训内容具备针对性和实用性。

一般情况下，培训内容主要包含下面 4 个方面：

培训内容	说明
人格培养	诚实、热情和爽直是现代销售人员必须具备的人格特质，否则生存空间就会受限
专业知识	主要包含产品知识、业界知识、客户服务知识等相关知识。
销售技巧	评判销售人员能力高低的主要依据是销售业绩。因此，一定要提高销售人员的交易手段，如果有可能，还可对销售人员进行营销企划方面的训练
销售心态	指心理态度和身体状况，没有工作动力、工作懒散的销售人员是没有办法生存的

12.1.4 销售人员的培训流程

明确了销售培训的作用和意义，并选定了培训内容后，接下来就要具体实施销售培训了。实施销售培训时，应当掌握正确的培训流程及方法。正确的销售培训基本流程如图所示（图 12-2）：

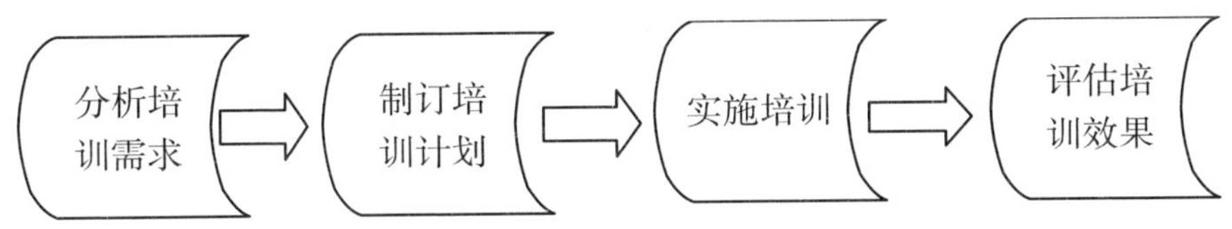

图 12-2 销售人员培训流程

1. 分析培训需求

在没有对培训需求做清楚界定的情况下就确定具体培训内容，比如课程、时间等，并用自己的经验和理解作为取舍的主要标准，培训效果不会理想。销售人员培训的第一步是对员工的培训需求进行分析。

2. 制订培训计划

认真分析完销售需要后，应当制订一份培训计划，具体内容包括培训目标、培训对象 、培训内容和选择培训师。

3. 实施培训

在培训的过程中，要严格管理，确保学习效果。同时，还要注意培训地点的选择，要根据具体情况进行，最好选择相对封闭的培训地点；时间一般不要超过两天，以免学员太过疲乏。

4. 评估培训效果

培训完成后，要对销售培训效果进行评估。学员要认真填写培训评估表，对培训内容、培训师、培训管理和培训效果等做出客观评判。

附表：

销售人员招聘与培训年度计划

销售人员的招聘要求	1. 形象和态度
	2. 亲和力
	3. 沟通能力
	4. 丰富的专业知识
	5. 良好的性格特征
	6. 认同企业文化
销售人员招聘流程	1. 写好职务说明书
	2. 招聘计划
	3. 招募
	4. 评价
	5. 筛选
	6. 选拔
销售培训的主要内容	1 人格培养
	2. 专业知识
	3. 销售技巧
	4. 销售心态
销售培训的流程	1. 分析培训需求
	2. 制订培训计划
	3. 实施培训
	4. 评估培训效果

12.2 销售人员的年度绩效考核计划

为了提高销售人员的工作效率，为了留住销售人才，除了加强薪酬竞争力外，还要设立销售人员绩效考核管理系统。销售部在制订年度销售计划时，一定不能忽视了年度绩效考核计划。

所谓绩效考核是指在既定的战略目标下，企业运用特定的标准和指标，对员工的工作和业绩进行评估；同时，运用评估的结果对员工将来的工作和业绩产生正面引导。

12.2.1 销售人员绩效考核存在的问题

制订绩效考核计划时，首先要清楚，为何很多企业的绩效考核计划都无法得到准确实施。主要原因如下图所示（图 12-3）：

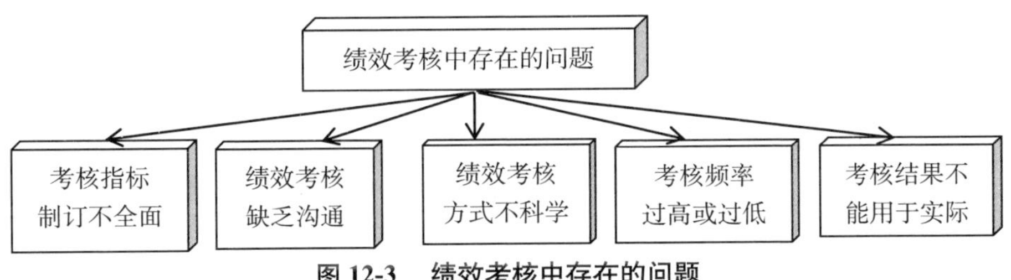

图 12-3　绩效考核中存在的问题

1. 考核指标制订不全面

有些销售部在制订绩效考核年度计划时，设置的标准不科学，各指标所占权重不合理，指标的设置及权重无法随着企业的发展而变化，致使绩效管理与企业战略相脱节。

2. 绩效考核缺乏沟通

绩效沟通贯穿在整个绩效考核流程中，通过管理者和被管理者的沟通协调，可以在最短的时间里实现目标，完成任务。可是，在很多企业中，都缺少这样的互动和沟通。

3. 绩效考核方式不科学

销售工作的完成需要销售人员、客户、销售主管等不断互动；对销售人员进行考核，不仅要有主管的评价，还要有客户的评价。

4. 考核频率过高或过低

考核频率过高，今天一个，明天一个，不仅会让销售人员产生心理压力，产生抵触情绪，还会降低销售人员和管理者的工作效率；反之，如果考核频率太低，则会让销售人员产生心理上的惰性，致使绩效考核的作用无法发挥出来，不利于销售业绩的提升。

5. 考核结果不能用于实际

很多销售部虽然制订绩效考核，但不重视考核结果，无法从结果中发现问题，虽然花费了大量的人力和物力，效果却不理想，只能不了了之。

12.2.2 建立科学的绩效考核制度

在建立绩效考核制度的过程中，通常要注意这样一些问题：

1. 考核要做到公平、公正、公开，所有的工作都要以公开为基础，保证考核过程和结果的真实客观。

2. 建立一套和考核有关的沟通机制，与销售人员及时沟通。从绩效目标的设定开始，一直到最后的绩效考核，都要保持沟通，积极听取销售人员反映的问题，为他们提供改进方法和建议。

3. 考核主体要多样化，不能仅局限于被考核者的直接上级，可以实行360度多角度考核，尽可能多地收集考核信息。

4. 为了保证考核工作的有效可行，如果销售人员认为绩效考核成绩不符合工作实际情况，可以提出申诉。

5. 将绩效考核结果应用到实际工作中，与绩效奖励、岗位晋升、培训开发等巧妙结合起来。逐渐纠正销售人员的行为偏差，激发员工的工作热情，提高个人和团队的绩效。

销售工作是企业经济效益的来源，销售人员的工作态度和结果与企业目标有直接关系，因此，为了调动销售人员的工作积极性，一定要建立一套符合销售人员特点的绩效考核体系。

附表：

销售人员的年度绩效考核计划

<table>
<tr><td rowspan="5">销售人员
绩效考核
存在的问题</td><td>1. 考核指标制订不全面（　）</td><td rowspan="5">备注：
分析后，如果企业确实存在其中的某类问题，就在其后面的括号里打“✓”，以便改进</td></tr>
<tr><td>2. 绩效考核缺乏沟通（　）</td></tr>
<tr><td>3. 绩效考核方式不科学（　）</td></tr>
<tr><td>4. 考核频率过高或过低（　）</td></tr>
<tr><td>5. 考核结果不能用于实际（　）</td></tr>
<tr><td rowspan="5">建立科学的
绩效考核制度</td><td colspan="2">1. 做到公平、公正、公开</td></tr>
<tr><td colspan="2">2. 建立一套和考核有关的沟通机制</td></tr>
<tr><td colspan="2">3. 考核主体要多样化</td></tr>
<tr><td colspan="2">4. 绩效考核成绩不符合实际工作，可以申诉</td></tr>
<tr><td colspan="2">5. 将考核结果与绩效奖励、岗位晋升等结合</td></tr>
</table>

12.3 产品的年度价格计划

在市场经济条件下，销售部很多时候都需要把产品价格工作放在第一位考虑；而且，在价格确定后，还要随着市场形势的变化随时进行调整和变动。因为价格方面发生的任何差错或失误，都会直接影响到企业的经济效益。

12.3.1 产品定价的影响因素

要想正确定价，首先要知道哪些因素会影响到产品定价。如此，在后面的定价过程中，就要对这些因素加以重视。

1. 定价目标

任何销售部在给商品具体定价时，都要有一个明确的目标。通常，制订营销价格的目标主要有两个：获取利润目标和占有市场目标。不同的目标，要采用不同的价格：

企业经营目标	价位
市场份额领先	低价
维持行业的和谐	比照同业定价
塑造行业领导品牌和良好形象	高价
维持企业生存	低价
档期利润最大化	高价
新产品刚推出，鼓励消费者试用	低价

2. 产品成本

很多时候，成本都会被当作价格底线，来有效避免亏损。遇到特殊情况，比如希望打击竞争者、清存货、短期之内得到现金（套现）、打开知名度等，可以低于成本定价。

3. 市场需求

定价的时候，很多销售部都会考虑消费者愿意负担的价格上限。需要明确的是，产品越独特越不容易替代，价格弹性就越小，也越适合定高价。遇到特殊情况，比如炫耀性产品，在某一种价格范围内，其价位越高销量越大，如化妆品。

4. 竞争因素

竞争者的数量、规模、策略，以及产品特性、成本和价格等因素会影响产品定价。如果竞争者不足以构成威胁，加上消费者需求殷切，价格通常偏高；在竞争激烈的环境中，价格一般都会不相上下，而且并不会太高。

5. 渠道因素

不同商店的产品进价，都会受到议价能力、地点、交易量、过去的信用和供货合同等因素影响，所以产品售价就出现了差异。

12.3.2 常见的产品定价策略

常用的商品定价策略有新产品定价策略、心理定价策略和产品组合定价策略（图 12-4）。

1. 新产品定价策略

主要策略有定价策略、渗透定价策略和满意定价策略。

（1）定价策略——新产品刚刚上市时，价格定得高，可以在较短时间内得到最大的利润。

（2）渗透定价策略——在新产品投入市场时，价格定得比较低，方便消费者接受，可以以最快的速度打开和占领市场。

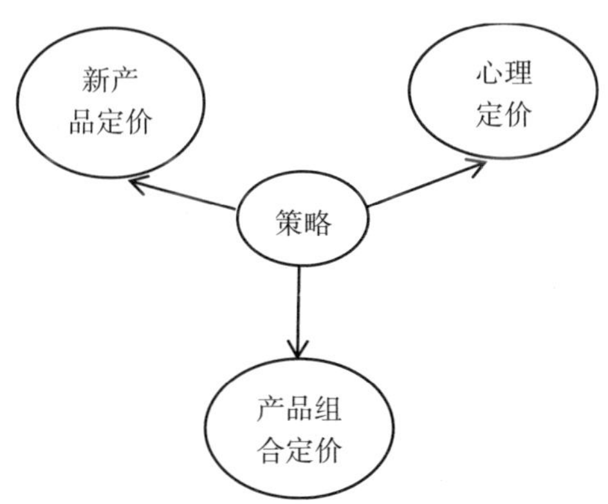

图 12-4　常见的产品定价策略

（3）满意定价策略——定价比较低，但比渗透价格要高。这是一种中间价格。

2. 心理定价策略

心理定价策略，是根据消费者心理所采用的一种定价策略。具体内容是运用心理学原理，依据不同类型的消费者在购买商品时的不同心理和不同需求来制订价格，诱导消费者增加购买，扩大企业销量。具体来说，主要包括下面几种：

种类	说明
尾数定价策略	商品定价时，取尾数而不取整数。采用这种定价方法，可以让消费者在心理上产生商品非常便宜的感觉。比如一双袜子定价 9.8 元，就比定价 10 元好
整数定价策略	定价时，将商品的价格定位成整数，不带尾数，让消费者产生"一分价格一分货"的感觉，满足消费者的某种心理，提高商品形象。比如品牌相机定价 9998 元，不如定价 10000 元
分级定价策略	定价时，将同类商品分成几个等级，不同等级的商品，价格不同
声望定价策略	定价时，在顾客中有声望的商店、商品价格要定得比一般商品高。这是根据消费者对于某些商品、某些商店的信任心理而使用的价格策略
吉利数定价策略	对一些有信仰或图吉利的消费者来讲，定价应当有吉利数，比如一件裙子定价 64 元，不如定价 66 元

3. 产品组合定价策略

产品组合定价策略指的是处理本企业和各种产品之间价格关系的策略，主要包括系列产品定价策略、互补产品定价策略和成套产品定价策略。

（1）系列产品定价策略。

是指把系列产品中价格弹性大的产品定低价、弹性小的产品定高价。

（2）互补产品定价策略。

是指将互补产品中的基本产品定低价、配套产品定高价。

（3）成套产品定价策略。

是指把互相关联、互相配套的产品按套出售，吸引顾客成套购买，从而扩大销售，节约费用，增加利润。

附表：

产品年度价格计划

<table>
<tr><td rowspan="5">影响产品定价的因素</td><td colspan="2">1. 定价目标</td></tr>
<tr><td colspan="2">2. 产品成本</td></tr>
<tr><td colspan="2">3. 市场需求</td></tr>
<tr><td colspan="2">4. 竞争因素</td></tr>
<tr><td colspan="2">5. 渠道因素</td></tr>
<tr><td rowspan="11">常见的产品定价策略</td><td rowspan="3">新产品定价</td><td>1. 定价策略</td></tr>
<tr><td>2. 渗透定价策略</td></tr>
<tr><td>3. 满意定价策略</td></tr>
<tr><td rowspan="5">心理定价</td><td>1. 尾数定价</td></tr>
<tr><td>2. 整数定价</td></tr>
<tr><td>3. 分级定价</td></tr>
<tr><td>4. 声望定价</td></tr>
<tr><td>5. 吉利数定价</td></tr>
<tr><td rowspan="3">产品组合定价</td><td>1. 系列产品定价</td></tr>
<tr><td>2. 互补产品定价</td></tr>
<tr><td>3. 成套产品定价</td></tr>
</table>

12.4 年度渠道开发计划

美国市场营销学权威菲利普·科特勒说：“销售渠道是指某种货物或劳务从生产者向消费者移动时，取得这种货物或劳务所有权或帮助转移其所有权的所有企业或个人。”简单来说，销售渠道就是商品和服务从生产者向消费者转移的具体通道或路径。在制订年度经营计划时，渠道开发也是一项重要内容。

12.4.1 销售渠道的开发流程

营销渠道是连接企业和市场、沟通产品和顾客的桥梁，生产出来的产品只有通过这个桥梁，才可以走进市场和顾客见面，才可以进入消费领域。所以，对于销售部门来说，开发销售渠道至关重要。

一般情况下，开发销售渠道必须做好以下几个环节：

1. 区域定位

所谓区域定位是指选择区域市场当作开发对象。

选择区域目标市场时，要把握一定的原则：

（1）市场分类的原则。要将现有的市场进行分类，把类别相同的市场放在一起对比，不是同类的，也要对比，只有对比才能见优劣。

（2）坚持“四化”原则。即营销资源投入最小化、营销目标时间最短化、营销目标管理最简化和规模盈余最大化。

2. 市场细分

市场细分是市场组织过程中最重要、最常用的工具。通过市场细分，能够让各档细分市场的轮廓清晰地表现出来，这样就为其他工作提供了明确的分析框架。用市场细分去分析市场研究结果，对于发现和归纳市场机会，有重大作用。

根据消费者不同的态度、行为、人口变量、心理变量和一般消费习惯所划分出来的各群体，依据主要的不同特征能够为各细分市场命名。

3. 选择细分市场

对细分市场的选择，要从下面几方面做起：

方法	说明
市场评估	在评估不同细分市场时，一定要考虑两种因素，即细分市场结构的吸引力、公司的目标和资源。其中，市场吸引力主要包括市场的规模、成长性、规模经济和低风险等；投资与目标和资源要保持一致性
选择目标典型市场	目标市场的选择，是市场组织最为重要的环节，直接决定着销售目标的实现。只要对市场容量、竞争强度、特征价格和相应目标产品的生产成本进行综合分析、对比、研究，就能够得出量化的目标市场参考份额、利益贡献、价格弹性和竞争投入

4．市场定位

所谓市场定位是指依据竞争者在市场上所处的位置，针对消费者对于产品的重视程度，强有力地塑造出产品的与众不同或形象，让产品在市场上确定适当的位置。

12.4.2 销售渠道的开发方法

常见的销售渠道开发方式，主要有下面几种（图 12-5）：

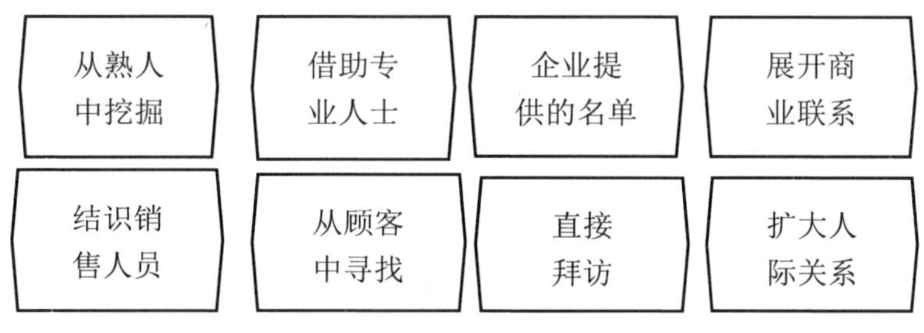

图 12-5　销售渠道开发方法

1．从熟人中发掘

我们的日常活动都不会在隔绝的状态下展开，肯定会认识一大批人，这些人很有可能会成为我们的潜在顾客。

2．借助专业人士的帮助

进入一个新行业，很多事情根本没有办法下手，这时就需要借助专业人士的帮助，从他们那里得到建议。还可以委托广告代理企业或者其他企业去寻找顾客。代理商多种多样，他们能够提供很多服务，要根据自己的实力和需要寻求合适的代理商。

3．企业提供的名单

为了通过广告和营销细节获得最佳业绩，很多企业都会向销售人员提供业绩名单。为了提高销售部成绩，就要积极主动地接受这份名单，为我所用，从中找到自己的潜在顾客。

4. 展开商业联系

商业联系比社会联系更加容易。借助于私人交往，会更快地进行商业联系。

5. 结识销售人员

各企业都有自己的销售人员，他们训练有素，熟悉顾客的特性。只要他们不是竞争对手，就要主动去结交，和他们搞好关系，会得到很多经验。

6. 从顾客中寻找

在恰当的时间接触顾客的销售人员，能从这些顾客中找到潜在顾客，因此要及早规划，争取得到丰硕成果。

7. 直接拜访

直接拜访可以迅速地掌握顾客状况，效率非常高；同时，也可以磨炼销售人员的销售技巧，培养他们选择潜在顾客的能力。

8. 扩大人际关系

人际关系是企业的另外一项重要产业，销售人员的人际关系愈广，接触潜在顾客的机会就会越多。

附表：

年度渠道开发计划表

<table>
<tr><td rowspan="6">渠道开发的流程</td><td rowspan="2">区域定位</td><td colspan="2">1. 市场分类的原则</td></tr>
<tr><td colspan="2">2. 坚持“四化”原则</td></tr>
<tr><td colspan="3">市场细分</td></tr>
<tr><td colspan="2" rowspan="2">选择细分市场</td><td>1. 市场评估</td></tr>
<tr><td>2. 选择目标典型市场</td></tr>
<tr><td colspan="3">市场定位</td></tr>
<tr><td rowspan="8">销售渠道开发的方法</td><td colspan="3">1. 从熟人中发掘</td></tr>
<tr><td colspan="3">2. 借助专业人士帮助</td></tr>
<tr><td colspan="3">3. 企业提供的名单</td></tr>
<tr><td colspan="3">4. 展开商业联系</td></tr>
<tr><td colspan="3">5. 结识销售人员</td></tr>
<tr><td colspan="3">6. 从顾客中寻找</td></tr>
<tr><td colspan="3">7. 直接拜访</td></tr>
<tr><td colspan="3">8. 扩大人际关系</td></tr>
</table>

12.5 产品的年度宣传促销计划

在日常生活中，我们总会看到各种产品的促销宣传。为了提高销售量，销售部会利用有效的方法和手段，让消费者了解产品、激发消费者的购买欲望，促使他们购买。通过促销活动，不仅可以宣传产品的不同之处，还能够给消费者带来特殊利益，让消费者充分了解产品特色，引起他们的注意和欲望，进而扩大产品销售，提高市场竞争力。

12.5.1 产品促销中存在的问题

如果想对产品销售做年度计划，首先要了解在以往的销售中都出现过哪些问题。知己知彼，百战不殆！产品促销同样如此！

1. 销售方法的操作性不强

成功的促销战术都是消费者参加最广的形式。要想吸引大量的消费者参与其中，就要简化程序。采用不恰当的操作方式，不仅无法取得理想的效果，甚至还会走向反面，比如引起消费者厌恶。

2. 促销主题没有创意

新颖的促销活动，不仅增加了消费者的参与度，还提高了他们的要求。在有限的促销手段下，要让促销活动具备独特的内涵，不仅要设计合适的促销方式，还要为每次促销活动设计新颖的主题。毫无创意的促销主题，在没开始开展促销活动的时候就已经输了。

3. 与品牌形象不一致

很多促销手法的使用，脱离了品牌形象，这是促销的大忌。如果想提高促销效果，就要以提高销售为主，在运用促销战术时，一定要采取符合品牌形象的方法，至少不能和品牌内涵背道而驰。

12.5.2 常见的促销宣传方式

常见的促销宣传方式有（图 12-6）：

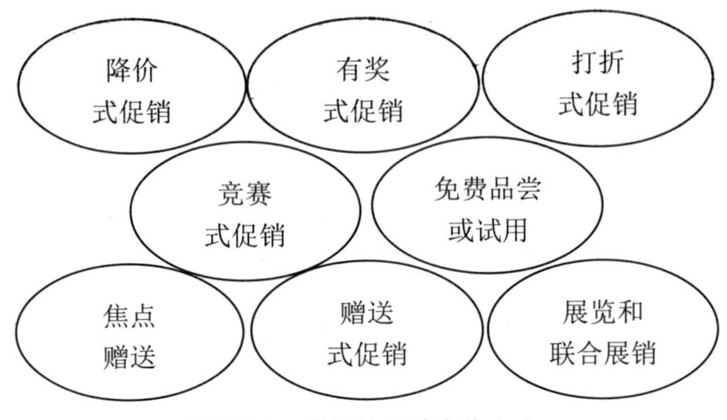

图 12-6　常见的促销宣传方式

1. 降价式促销

降价式促销是指把商品价格降至低于正常的定价，进行出售。最常见的方式是库存大清仓、节庆大优惠、每日特价商品等。

2. 有奖式促销

顾客有时总想试试自己的运气，因此抽奖就成了一种非常有效的促销活动。采用这种宣传方式，一定要准备一大堆奖品，比如彩色电视机、洗衣机等，这些奖项很容易激起消费者的参与兴趣，在短期内促销效果明显。

3. 打折式促销

在适当的时机，如节庆日、换季等，可以采用打折的方式，用低于商品正常价格的售价出售商品，让消费者获得实惠。

4. 竞赛式促销

竞赛式促销是一种融动感性和参与性为一体的促销活动，由比赛突显主题或介绍商品，不仅可以打响商品的知名度，还能增加销售量，如喝啤酒比赛等。此外，还可以举办一些有竞赛性质的活动，如卡拉 OK 比赛等，除了能热闹卖场外，还能够借此增加顾客对产品的话题，加深顾客对产品的印象。

5. 免费品尝或试用

促销时，可以让零售店在比较显眼的位置设置专柜，免费让顾客品尝、试用。比如食品类商品，可以实行免费赠送，鼓励顾客主动品尝；化妆品行业，可以免费为顾客做美容。事实证明，这些方法确实不错！

6. 焦点赠送

要想吸引顾客持续购买，提高品牌忠诚度，焦点赠送是一个理想的促销方式。这个促销活动的特色是，消费者要连续购买某商品或连续光顾某零售店，累积到一定积分，就可兑换赠品或折价购买。

7. 赠送式促销

所谓赠送促销是指在店里设置专人对消费者免费赠送一种或几种商品，让顾客现场品尝、使用。这种促销方式，一般都在统一推出新商品或老商品改变包装、品位、性能时使用。如此，不仅可以迅速向顾客介绍和推广商品，还能得到消费者的认同。

8. 展览和联合展销

促销时，可以邀请同类商品厂家，在所属的分店内共同举办商品展销会，形成一定的声势和规模，让消费者有众多选择机会；也可以组织商品展销，比如多种节日套餐销售等。通过这种活动，各厂商之间相互竞争，促进商品的销售。

附表：

产品年度宣传促销计划

产品年度促销中存在的问题	1. 销售方法的操作性不强（ ）	备注： 分析后，如果企业确实存在其中的某类问题，就在其后面的括号里打“√”，以便改进
	2. 促销主题没有创意（ ）	
	3. 与品牌形象不一致（ ）	

产品宣传促销的方法	1. 降价式促销
	2. 有奖式促销
	3. 打折式优惠
	4. 竞赛式促销
	5. 免费品尝或试用
	6. 焦点赠送
	7. 赠送式促销
	8. 展览和联合展销

12.6 售后服务年度管理计划

售后服务是营销的重要组成部分，没有售后服务的营销，在顾客眼中就是没有信用的销售；没有售后服务的商品，在顾客眼中就是没有保障的商品。因此，要想提高客户满意度，就要做好产品售后服务。

12.6.1 售后服务管理中存在的问题

在售后服务管理中，主要存在这样一些问题（图 12-7）：

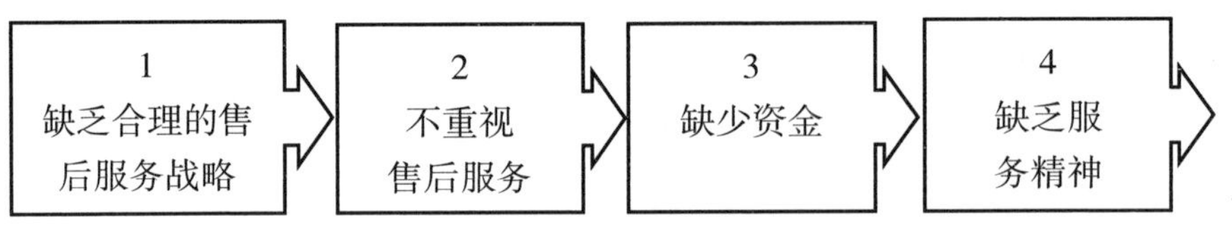

图 12-7　售后服务中存在的问题

1. 销售部对售后服务认识不清，缺乏合理的售后服务战略。大部分销售部都没有完善的售后服务管理机制，售后服务管理和制度建设较差，没有设置独立的售后服务工作机构，也没有专门的售后服务人员。

2. 不重视售后服务，不善于用售后服务争取市场。很多销售部虽然知道售后服务的重要性，可是仅将售后服务作为一项不可或缺的销售补充工作，并没有利用售后服务去开拓市场、巩固客户，使得售后服务利润链接没有发挥作用。

3. 缺少资金，没有资金支持。很多销售部对售后服务投资不足，售后服务能力比较差。

4. 售后服务队伍缺乏服务精神。售后服务人员的水平不高，服务意识淡薄，缺乏好的售后服务心态。

12.6.2 售后服务管理方案

如果想做好售后服务管理，就要从以下几方面做起：

1. 规范服务标准，提高服务人员的整体素质

要想提高售后服务人员的整体素质，就要对整个售后部门进行全面、系统的培训。

（1）确定系统的、规范的服务标准，对客户界面的所有工作人员进行培训，要对服务工程师和销售人员进行重点培训，形成提升售后服务的突破口。

（2）对销售管理层进行客户满意度培训，从提升客户服务理念和提高顾客服务管理能力入手，帮他们提升客户满意度，明确提高盈利能力和竞争力的战略意义。

（3）对技术人员、维修人员进行专业技能培训和提高客户满意度的培训，主要培训他们处理产品故障的技术手段和客户服务的处理原则、程序和技巧，力争做到目标明确且顺利实施。

2. 提高产品质量

产品质量一定要合格，这是客户对产品的基本要求，更是售后服务能否让客户满意的基本条件。

3. 建立完善的客户满意度标准体系

建立完善的客户满意度标准体系，不仅对发掘客户潜在需求、追踪客户的需求变化、实现销售和交叉销售有帮助，还可以测量客户额满意度和忠诚度，为评价服务或者产品质量提供依据。不仅能提高客户满意度和忠诚度，为制订新的发展战略和质量改进方案提供方向，还可以增加企业的市场竞争能力，提高销售部的盈利能力。

4. 定期进行客户回访，建立客户服务满意度档案

对于企业来说，消费者不是一次性买卖交易，而是长期合作伙伴。消费者购买产品后的使用情况怎样？使用性能怎样？满意、不满意的地方在哪里？希望企业为他们提供哪些帮助？要想解决这些问题，就要定期给客户打电话或邮寄信函，做一个简短却让人暖心的回访，征求客户的意见或建议，建立一个客户服务满意度档案。

5. 简化信息反馈程序，快速反馈客户信息

简化信息反馈程序，快速反馈客户信息，是客户满意服务理念的具体表现。要做到这一点，销售人员就要进行角色转换，要设身处地地站在客户角度认真考虑反馈的细微地方；对于繁琐的过程和步骤，更要简化反馈。

12.6.3 售后服务的主要形式

销售部在销售活动中的服务，一般有售前服务、售中服务和售后服务三种形式。

形式	说明
售前服务	营销人员将产品的相关信息发给目标顾客，主要包括产品的技术指标、主要性能、配置和价位等信息
售中服务	为顾客提供咨询、充当购物参谋、进行产品介绍、产品示范、帮顾客订购、结算等
售后服务	为客户提供与产品销售配套的服务，如包装服务、送货服务、安装服务、三包服务、排除技术故障、提供技术支持、寄发产品改进或升级信息、和客户保持联系、建立客户档案、收集整理客户信息资料等

附表：

售后服务年度管理计划表

<table>
<tr><td rowspan="4">售后服务中存在的问题</td><td>1. 缺乏合理的售后服务战略（ ）</td><td rowspan="4">备注：
分析后，如果企业确实存在其中的某类问题，就在其后面的括号里打“√”，以便改进</td></tr>
<tr><td>2. 不重视售后服务（ ）</td></tr>
<tr><td>3 缺少资金（ ）</td></tr>
<tr><td>4. 缺乏服务精神（ ）</td></tr>
<tr><td rowspan="5">加强售后服务管理的方案</td><td colspan="2">1. 规范服务标准，提高服务人员的整体素质</td></tr>
<tr><td colspan="2">2. 提高产品质量</td></tr>
<tr><td colspan="2">3. 建立完善的客户满意度标准体系</td></tr>
<tr><td colspan="2">4. 定期进行客户回访，建立客户服务满意度档案</td></tr>
<tr><td colspan="2">5. 简化信息反馈程序，快速反馈客户信息</td></tr>
<tr><td rowspan="3">售后服务的主要形式</td><td colspan="2">1. 售前服务</td></tr>
<tr><td colspan="2">2. 售中服务</td></tr>
<tr><td colspan="2">3. 售后服务</td></tr>
</table>

第13章

客服部年度计划的制订

13.1 客户跟踪年度计划

有这样一个实例：

一个年轻人看到一则招聘广告，在应聘最后一天，他给招聘方投了简历。目的是让他的简历放在一堆应聘材料的最上面。一周以后，年轻人打电话询问招聘方是不是收到了他的简历。这是他的第一次跟踪。

四天以后，年轻人打电话询问招聘方是否愿意接受他的新推荐信。招聘方的回答自然是肯定的。这是他的第二次跟踪。

两天过后，年轻人把新的推荐信传真到招聘方办公室，紧接着他的电话又跟了过来，询问传真内容是否清晰。这是他的第三次跟踪。

对于他的专业跟踪工作，招聘方印象深刻，如今他正在招聘方的美国公司工作。

由此可见跟踪的重要性!

13.1.1 客户跟踪管理流程

有这样一些数据：

2% 的销售是在第一次接洽后完成。

3% 的销售是在第一次跟踪后完成。

5% 的销售是在第二次跟踪后完成 。

10% 的销售是在第三次跟踪后完成 。

80% 的销售就是第 4~11 次跟踪后完成。

与此形成鲜明对比的是，在日常工作中，80% 的销售人员在跟踪一次后便不再进行第二次、第三次跟踪；少于 2% 的销售人员会坚持到第四次跟踪。

跟踪工作会让客户记住你，一旦客户采取行动，首先会想到你。由此可见，想要牢牢抓住客户，跟踪必不可少!

一般说来，对客户进行跟踪管理要遵循以下流程（图 13-1）：

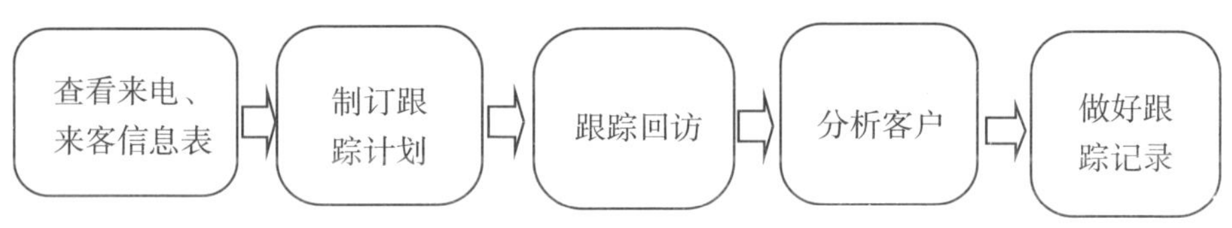

图 13-1　客户跟踪的流程

13.1.2 客户跟踪方法

客户的跟踪方法主要有：

1. 主动联系客户

跟踪客户，要遵循主动联系客户的原则，不要被动地等待客户召唤。

很多营销人员为客户发送了产品资料或邮件后，就开始守株待兔，希望客户主动联系他们。这样做无疑是错误的，正确的做法是积极主动地跟客户沟通，询问客户是否收到了你发送的产品资料和邮件，对于你的产品和技术、报价还有什么疑问和需求，需要你去做什么工作？

这样做，不仅可以表达你的诚意和服务姿态、对客户的尊重和重视，还方便你随时了解客户的真实需求，掌握商业合作进度，做到有条不紊、未雨绸缪；同时，还可以避免客户没有收到你的产品资料或邮件造成的信息不对称。

2. 坚持与客户沟通和联系

跟踪客户，需要全方位、多形式的跟踪。无论是电话、短信，还是QQ、MSN、邮件都可以用来和客户沟通。要保证每个星期都和重要客户保持至少一次的沟通和联系。这样，不仅可以表示出你对客户的尊重和重视，又可以很好地提醒客户你的存在。客户一旦有了真正需求，自然就会首先想到你！

3. 给重点客户发问候短信息

这是跟踪客户的核心所在。在周末，尤其是周五晚上，要给所有的重点客户，如已经签单的客户、即将签单的客户、重点跟踪的客户、需要长期跟踪的重要客户逐一发送问候短信息。

附表：

客户跟踪年度计划

客户跟踪管理流程	1. 查看来电、来客信息表
	2. 制订跟踪计划
	3. 跟踪回访
	4. 分析客户
	5. 做好跟踪记录
客户跟踪方法	1. 主动联系客户
	2. 坚持与客户的沟通和联系
	3. 给重点客户发问候短信息

13.2 服务质量年度管理计划

服务质量是人们看待企业的过滤器，人们会利用这个过滤器“过滤”企业的技术质量和功能质量。若企业服务质量良好，其无形中就成了企业的保护伞。有了这样一顶保护伞，即便技术质量或者功能质量出现了小问题，都有可能被人们所忽略。所以，对于客服部门来说，提高服务质量管理，刻不容缓。

13.2.1 服务质量的五大要素

美国最权威的客户服务研究机构，用了将近 10 年的时间对全美零售业、信用卡、银行、制造、保险、服务维修等 14 个行业的近万名客户服务人员和客户进行了细致深入的调查研究，发现了一个能够有效衡量客户服务质量的 RATER 指数：

要素	含义	说明
R	Reliability 信赖度	客服部能否始终如一地履行自己对客户做出的承诺
A	Assurance 专业度	服务人员所具备的专业知识、技能和职业素质，如产品专业知识、优质的服务能力、和客户有效沟通的技巧等
T	Tangibles 有形度	客服部有形的服务设施、环境、人员仪表和服务等对客户关怀的有形表现
E	Empathy 同理度	客服人员可以随时设身处地站在客户的立场想问题，真正同情理解客户的处境、了解客户的需求
R	Responsiveness 反应度	客服部服务人员对于客户的需求给予及时回应、能够迅速提供服务的愿望。当服务出现问题时，马上回应、迅速解决，可以为服务质量带来积极影响

13.2.2 服务质量的管理模式

对客服部的服务质量进行有效管理，可以采用下面几种模式（图 13-2）：

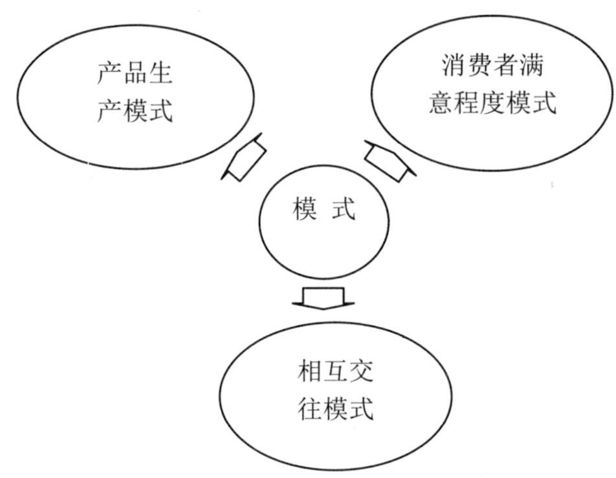

图 13-2 服务质量管理模式

1. 产品生产模式

美国著名管理学家西奥多·莱维特在20世纪70年代提出了“服务工业化”的观点。他认为，管理人员能够通过生产体系客观地控制无形产品的质量，企业能够使用现代化设备和精心设计的服务操作体系，取代劳动密集型的服务工作，进行大规模生产。

2. 消费者满意程度模式

客服部的服务过程，也是服务人员和消费者互相交往的过程。服务质量不仅和服务结果有关，还和服务过程有关。

消费者满意程度模式强调的是消费者对于服务质量的主观看法。具体来说，消费者会不会选择并反复购买某一种服务，在服务过程中是否会和服务人员产生矛盾，是否会和别人介绍你的服务……所有的这一切都是由消费者对于服务过程的主观评估所决定的。

3. 相互交往模式

一些营销学家指出：面对面服务的核心是消费者和服务人员的交往。

客服部完全可以依据互相关系理论、角色理论等，分析面对面服务，指导面对面服务设计和管理工作。

但是，这三种不同的服务质量管理模式适用于不同类型的企业，都无法得到普遍使用。在客服工作中，单纯地套用某一模式，都无法适合具体的服务工作，应当在借鉴某一适用模式的基础上，对服务特点和影响因素进行分析，对客服服务各环节采用相应的管理办法。

附表：

服务质量年度管理计划

服务质量五大要素	1. 信赖度
	2. 专业度
	3. 有形度
	4. 同理度
	5. 反应度
服务质量管理模式	1. 产品生产模式
	2. 消费者满意程度模式
	3. 相互交往模式

13.3 客户投诉年度管理计划

处理客户投诉是客户投诉管理的重要内容。出现客户投诉并不可怕，问题是怎样正确看待和处理客户投诉。

客服部每天要面对各种各样的客户，进行庞大复杂的销售业务，要做到每项业务都让客户满意，是非常艰难的。因此，要加强和客户的联系，倾听他们的不满，纠正企业在销售过程中出现的失误，补救和挽回给客户带来的损害，维护企业声誉，提高产品形象，不停地巩固老客户、吸引新客户。

13.3.1 客户投诉的内容

销售各环节都可能出现问题，客户投诉内容主要包括以下几方面：

内容	说明
商品质量投诉	主要包括产品质量缺陷、产品规格不符合、产品技术规格超出了允许误差、产品故障等
购销合同投诉	主要包括产品数量、等级、规格、交货时间、交货地点、结算方式、交易条件等与原购销合同规定不符合
货物运输投诉	主要包括货物在运输中途发生损坏、丢失和变质，以及包装或装卸不当造成的损失等
服务投诉	主要包括客户对于服务质量、服务态度、服务方式、服务技巧等提出来的批评和抱怨

13.3.2 客户投诉处理应注意的问题

处理客户投诉的时候，需要注意以下几个问题：

1. 建立健全各种规章制度

如果想处理好客户投诉问题，就要建立健全各种规章制度，安排具体工作人员。另外，还要做好各种预防工作，让客户投诉防患于未然。要想做到这些，就要不断地提高全体员工的素质和业务能力，树立起全心全意为客户服务的思想，加强企业内外部的消息交流。

2. 出现客户投诉，应当及时处理

一旦出现了客户投诉，客服部要通力合作，迅速做出反应，努力在最短的时间内解决问题，给客户一个圆满的结果。一味地拖延或推卸责任，只会进一步激怒投诉者，让事情复杂化。

3. 处理问题时应当分清责任

处理问题时应当分清责任，保证问题妥善解决。不仅要分清造成客户投诉的责任部门和责任人，还要明确处理投诉各部门、各类人员的具体责任和权限。

4. 认真做好记录

为了给后面的工作提供便利，对于每起客户投诉和处理都要详细记录，内容包括投诉内容、处理过程、处理结果、客户满意程度等。通过记录，吸取教训，总结经验，为以后更好地处理客户投诉提供参考。

13.3.3 客户投诉处理流程

客户投诉处理流程，一般说来，主要包括下面几个步骤（图 13-3）：

图 13-3　客户投诉处理流程

1. 记录投诉内容

处理客户投诉，首先要对客户投诉的所有内容，进行详细记录，比如投诉人、投诉时间、投诉对象、投诉要求等。

2. 判定投诉是否成立

了解客户投诉内容后，要考虑客户投诉的理由是不是充分？投诉要求是不是合理？如果投诉不成立，就要用婉转的方式答复客户，得到客户的谅解，消除误会。

3. 确定投诉处理的责任部门

依据客户投诉的内容，确定相关受理单位和受理负责人，比如运输问题，交储运部处理；质量问题，交质量管理部处理。

4. 责任部门分析投诉原因

各责任部门要调查分析客户投诉的具体原因，以及造成客户投诉的责任人是谁。

5. 提出处理方案

按照实际情况，参照客户的投诉要求，相关责任部门提出解决投诉的具体方案，比如退货、换货、维修、折价、赔偿等。

6. 提交主管领导批示

对于客户的投诉问题，客服部要高度重视，主管领导要对投诉的处理方案一一过目，并及时做出批示。之后，按照实际情况，采用有效措施，挽回已经出现的损失。

7. 实施处理方案

完成前面几步后，要对直接责任者进行处罚，之后通知客户，收集客户的反馈意见。对于直接责任者和部门主管，要按照有关规定进行处罚，根据投诉所造成的损失大小，扣罚责任人一定比例的绩效工资或奖金；同时，对于不及时处理问题造成延误的责任人，也要进行追究。

8. 总结评价

对投诉处理过程进行总结和综合评价，吸取经验教训，提出改善对策，完善企业经营管理和业务运作，提高客户服务质量和服务水平，使投诉率降低。

附表：

客户投诉年度管理计划

客户投诉管理的内容	1. 商品质量投诉
	2. 购销合同投诉
	3. 货物运输投诉
	4. 服务投诉
客户投诉管理中注意的问题	1. 建立健全各种规章制度
	2. 出现客户投诉，应当及时处理
	3. 处理问题时应当分清责任
	4. 认真做好记录
客户投诉处理流程	1. 记录投诉内容
	2. 判定投诉是否成立
	3. 确定投诉处理的责任部门
	4. 责任部门分析投诉原因
	5. 提出处理方案
	6. 提交主管领导批示
	7. 实施处理方案
	8. 总结评价

13.4 呼叫中心年度管理计划

呼叫中心的管理，主要体现在客户管理、坐席管理、电话录音管理、知识库管理上。对于客服部门来说，呼叫中心也是不可或缺的内容。

13.4.1 呼叫中心管理机制

一般来说，呼叫中心管理机制至少包括下面几方面：

机制	目的	方法
品质管理制度	约束客服代表的服务用语、语气语速、业务水平、耐心程度等服务要素	通过录音监听、实时监听、现场管理的方式，发现问题、指出问题、改正问题

受话管理制度	对客服代表受话过程中的每项操作和数量指标进行监控考核，督促客服代表保质、保量完成受话工作	从受话系统数据库中，提取相关指标数据，对出现的异常情况按照相应的考核标准予以考核
考勤管理制度	约束客服代表的出勤情况，保证各时段坐席人员的分布数量	对迟到、早退、请假、换班等项目做详细的考核规定，根据规定对客服代表出现的情况给予考核
综合考评制度	约束客服代表的日常工作规范，营造良好的工作秩序和工作环境	对于交接班规范、值机秩序、电脑使用、安全卫生等项目做考核规定，依据规定对客服代表给予考核
外部满意度测评制度	引入外部测评机制，让客服工作不仅受到来自内部的各项考评，同时还客观公正地接受除客服中心以外的相关部门的考核评定	根据规定对于客服代表出现的情况给予考核

13.4.2 加强呼叫中心管理的措施

如果想加强呼叫中心的管理，就要从下面几方面做起：

1. 站在客户立场看问题

站在客户角度看问题，不仅可以对工作时间和流量进行管理，还可以发现从呼叫中心所呼入的电话号码选择，到呼入菜单的设置、等待音乐的播放、语音留言的录制等都很有讲究，不需要业务代表接听来电后的整个互动过程。

2. 明确呼叫中心的管理对象

如今，呼叫中心的业务范围变得非常广泛，更多的是在营销、销售和服务中发挥作用，而且这类工作还需要创造性的脑力劳动。可是，因为技术和业务的要求，知识型劳动者的效果特别容易被记录、衡量、对比，这是其和办公室白领不同的地方。后者的工作结果，一般都无法在极短的时间内用众多指标量化。因此，呼叫中心的管理是一种熟悉生产、后勤的半军事化管理，需要非呼叫中心出身的营销经理去管理。

3. 确定呼叫中心的管理性质

呼叫中心的管理是劳动力密集型的，进入一个典型的呼叫中心，要让人看到大量坐席，人气旺盛，主管、班长来回走动，不停地俯下身和坐席代表沟通、讨论的场景。

4. 呼叫中心管理应当情理并重

呼叫中心的管理应当情理并重。在呼叫中心起关键作用的是组长，或者主管。他们对于情绪的正确把握非常重要，该鼓励员工时要顺力一推；员工快泄气、发怒时要恰当疏导，这样局面就会完全不同。

5. 明确向利润中心演进的眼光和步骤

这是一个大题目，各行业、各企业都有不同的做法。总体来说，要想变成利润中心，就要进行一定的销售活动；要搞销售，就要具备销售头脑和销售团队。从招人开始，其后管理的各环节都要有具体的对应步骤。这样战略就可以体现出来。能否让以服务客户为主的呼叫中心变成和销售部并列的利润中心，完全取决于客服部的战略布局。

6. 强调综合协调和内部销售能力

在很多企业中，呼叫中心一般承担着服务、销售或市场营销的任务，可是又不是这些部门本身或者全部。要想做好管理，就要协调好各部门的关系，更要提高内部销售能力。

附表：

呼叫中心年度管理计划

呼叫中心管理机制	1. 品质管理制度
	2. 受话管理制度
	3. 考勤管理制度
	4. 综合考评制度
	5. 外部满意度测评制度
加强呼叫中心管理的措施	1. 站在客户立场看问题
	2. 明确呼叫中心的管理对象
	3. 确定呼叫中心的管理性质
	4. 呼叫中心管理应当情理并重
	5. 明确向利润中心演进的眼光和步骤
	6. 强调综合协调和内部销售能力

13.5 客户关系年度管理计划

客户关系管理是一个不停加强和顾客交流、不停了解顾客需求、不停地对产品和服务进行改进和满足顾客需求的连续过程。

13.5.1 客户关系管理的分类

客服部门对于客户关系的管理，主要分为下面几类（图 13-4）：

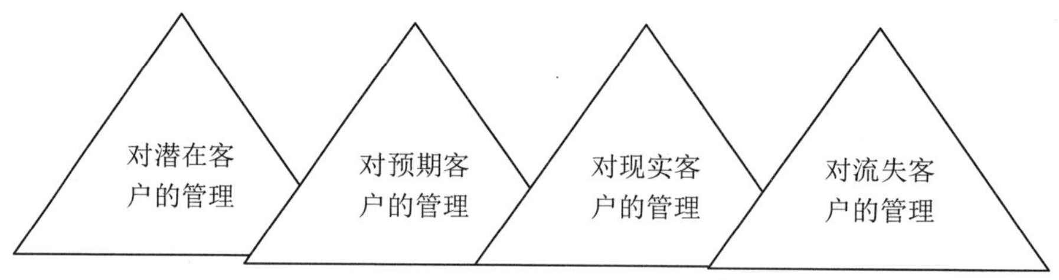

图 13-4　客户关系管理分类

1. 对潜在客户的管理

要想吸收新客户，就要关注和掌握潜在客户，在这样的客户中发掘新客户。要让工作人员按照产品或服务的性质，考虑各地区、各层次人群的需求和购买力，找出能够购买公司产品和服务的人群，并把他们的信息进行分类整理。

2. 对预期客户的管理

对客户需求做出分析后，在掌握潜在客户资料的基础上，要从中找到预期客户。

客服部门要和销售人员共同讨论，避免主观判断，把预期客户登记在册。

积极地跟客户交流，宣传公司产品，进一步掌握他们的需求，针对不同的人群制定相应的政策。

要抱着和客户建立终身关系的目的，为其提供符合或超过客户期望的产品或服务，努力把预期客户变成现实客户。

3. 对现实客户的管理

对于现实客户的管理，最终的目标是和客户建立长期合作关系。要在交往中为客户提供满意的产品和服务，不停地满足客户的个性化需求，在一次次交往中和他们逐渐建立起相互信任的关系，把他们培养成最忠诚的客户。

4. 对流失客户的管理

对于企业来说，流失一个忠诚客户，要比失去一个新客户损失更大。流失客户不但会让企业失去一个客户，同时还可能让企业失去这位客户背后的一系列潜在客户，这是非常大的损失。所以，客服部要对这部分客户进行管理，积极与他们保持联系，尽量解决他们的问题，消除他们对企业的不满，防止他们把对企业有负面影响的消息散布出去。

13.5.2 客户关系管理方法

对于客服部来说，要想做好客户关系管理，应采用下面几个方法：

1. 电话回访

为了加强公司和客户的沟通和联系，客服部要及时了解客户的需求，及时解决客户在产品使用中遇到的问题。这样，就为公司更好地开展市场营销活动提供了有效的信息支持。

2. 客户接待

为了做好客户接待工作，促进公司客户合作关系，提高公司形象，在接待客户时，面对不同的客户，要选择不同的接待方式。如下表所示：

客户类型	接待方式
小客户	按照是否有升级的可能进行接待，能够适当降低小客户的服务成本
普通客户	客户服务部安排专门人员陪同并且讲解。凡是会客室可以容纳下的参观团体，都以茶点招待，并发公司纪念品一份
大客户	做好参观接待准备；对于客户的目的和需求进行仔细分析，预先进行讲解演练；按照公司规定的规格招待客户，由公司高管陪同

3. 客户拜访

对客户进行定期拜访，进行促销推广，听取客户对于产品和服务的意见，及时解决。

4. 客户馈赠

为了稳住老客户抓住新客户，提高公司在客户心中的美誉度，可以选择馈赠方式，进行客户关系管理。需要注意的是，馈赠物品时，客服部门经理要和销售部共同商讨馈赠物品的种类、馈赠形式、数量。对客户馈赠物品的标准如下表所示：

客户分类	物品金额标准（元）	馈赠总数量标准（位）
意向客户		
VIP 客户		
重要客户		

5. 客户提案

广泛听取客户的意见，规范客户提案接收和处理流程，实现客户提案价值最大化，更好地满足客户的需求。

通常，客户会针对下面 6 方面事项提出提案：

（1）提高产品标准化程度的建议；

（2）改善销售渠道和方式的建议；

（3）提高生产工艺的建议；

（4）提高质检效率的建议；

（5）提供新材料方面的建议；

（6）改变售后服务方面的建议。

当客户提出提案时，客服部要抓紧时间处理。一般情况下，提案处理时间为10~15天，最多不要超过20天。

附表：

客户关系年度管理计划

客户的分类管理	1. 对潜在客户的管理
	2. 对预期客户的整理
	3. 对现实客户的管理
	4. 对流失客户的管理
加强客户关系管理的方法	1. 电话回访
	2. 客户接待
	3. 客户拜访
	4. 客户馈赠
	5. 客户提案

13.6 大客户年度管理计划

如今，大客户对于全世界任何一家企业的作用和影响已经被经典的80/20黄金法则诠释得淋漓尽致。

当企业面对全球经济一体化的挑战、面临生产严重过剩和库存不断增加的压力、面对应收账款攀升和单位利润下降的困惑时，严峻的生存环境和竞争空间让每家企业或主动或被动地改变了固有的经营模式和运营手段。众多创新的管理方法和名词在这个特殊的时代被缔造和运用，大客户管理就是其中非常重要的一项管理制度。

13.6.1 识别大客户的步骤

识别大客户是大客户管理非常重要的一环。怎样识别大客户呢？一般来说，可以按照下面 4 个步骤进行（图 13-5）：

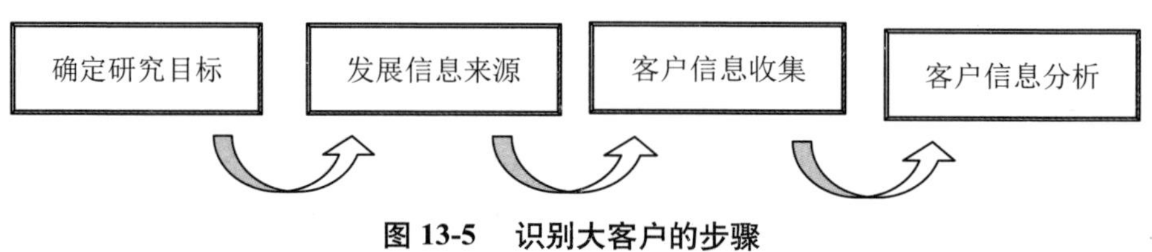

图 13-5　识别大客户的步骤

1. 确定研究目标

要通过客户资料收集、分析，找出大客户，对大客户实施个性化管理；同时，还要对大客户服务进行跟踪，及时改进服务，保持大客户的忠诚度。需要收集的信息主要有客户最近一次消费时间、消费频率、消费金额。

2. 发展信息来源

客服部要建立多渠道的、便于客户和企业沟通的信息来源，比如销售中心、电话、呼叫中心、电子邮件、企业的 Web 站点、客户座谈会等。

3. 客户信息收集

通过上述来源进行信息收集，主要内容有：

（1）姓名、性别、年龄、职业、住址、电话、电子邮件等客户个人信息；

（2）如果客户是企业，则需要了解该企业的经营战略、生产规模、产品品种、销售收入、资信级别、经营状况、发展瓶颈等基本信息；

（3）客户的购买历史信息，比如客户的消费频率、消费金额、最近一次消费时间、消费品种、客户的还价能力、关注重点、购买习惯等；

（4）客户对于实体产品的功能、品种、规格、价格等方面需求信息，对于服务产品多样性、及时性、便利性等方面的需求信息；

（5）客户对于企业的产品或者服务不满的投诉信息。

4. 客户信息分析

对客户消费金额的分析，可以让企业了解客户在消费频率内投入产品或服务的花费，这个指标是所有指标的支柱。

所谓消费频率是指在限定期内的购买次数，购买次数最多的客户就是满意度最高、忠诚度最高的客户。把消费频率和消费金额结合起来分析，能够计算出客户为企业所投入的花费、为企业创造的利润；把消费频率和最近一次消费结合起来分析，能够找出流失的客户。

通过对最近一次消费的分析，还能了解客户最后一次交易的时间距离现在有多久。最后一次消费是维系客户的一个重要指标，要通过定期检查的方式来跟踪客户的忠诚度。

13.6.2 大客户管理方案

大客户管理可以采用这样几个方案：

1. 建立完善的大客户基础资料

要想建立完善的大客户基础资料，就要做到：

（1）搞好大客户服务工作，首先要在纷繁复杂的客户群中寻找目标，辨别出谁是重要客户，谁是潜在大客户。

（2）要清楚大客户所处行业、规模等情况，建立完善的大客户基础资料。同时，要按照资料提供的信息，对大客户的消费量、消费模式等进行统计分析，对大客户实行动态管理，对客户使用情况进行跟踪，为其提供预警服务和建议，尽可能降低客户的风险。

2. 实行客户经理制

之所以要实施客户经理制，是要实现经营目标所推行的组织制度，由客户经理负责客户的市场营销和关系管理，为客户提供全方位、方便快捷的服务。如此，大客户只要面对客户经理，就可以得到一揽子服务和解决方案。具体过程如下：

首先，通过数据分析得出大客户是偏好什么类型的消费群，消费热点是什么。

之后，派客服代表在该用户群中进行有针对性的活动，增加业务推介成功的机会，提高大客户服务工作绩效。

然后，给大客户提供免费业务、技术咨询，向大客户展示和推广新业务，按照客户的实际需求向大客户提供建设性方案，用优质高效的服务提高客户的能力，让客户最大限度地提高自己的工作效率。

3. 建立大客户管理系统

在大客户整个生命周期中，大客户管理系统为大客户开拓市场、管理信息、进行客户服务和营销决策提供一个非常大的综合信息处理平台。在这个平台上，客服部要了解大客户的构成和整个客户群体的构成差异，之后按照客户自然属性进行分类，挖掘出影响大客户的关键自然属性特征，准确地掌握市场动态，帮助营销部门按照市场需要及时调整营销策略。

附表：

大客户年度管理计划

识别大客户步骤	1. 确定研究目标
	2. 发展信息来源
	3. 客户信息收集
	4. 客户信息分析
大客户管理方案	1. 建立完善的大客户基础资料
	2. 实行客户经理制
	3. 建立大客户管理系统